W0247850

BESTE REZEPTE

Chinesische Küche

Jenny Stacey

9 4. Jan. 2006

Copyright © Parragon

Alle Rechte vorbehalten.
Die vollständige oder auszugsweise Speicherung, Vervielfältigung
oder Übertragung dieses Werkes, ob elektronisch, mechanisch, durch Fotokopie oder
Aufzeichnung, ist ohne vorherige Genehmigung des Rechteinhabers
urheberrechtlich untersagt.

Copyright © 2003 für die deutsche Ausgabe

Parragon
Queen Street House
4 Queen Street
Bath BA1 1HE, UK

Übersetzung, Redaktion und Satz: Das Redaktionsbüro, Köln
Koordination: Antje Seidel, Köln

HINWEIS

Sind Zutaten in Löffelmengen angegeben, ist immer ein gestrichener Löffel gemeint.
Ein Teelöffel entspricht 5 ml, ein Esslöffel 15 ml. Sofern nichts anderes angegeben ist,
wird Vollmilch (3,5 % Fett) verwendet. Bei Eiern, Kartoffeln und Gemüse verwenden Sie
mittelgroße Exemplare. Sofern die Schale von Zitrusfrüchte benötigt wird, verwenden Sie
unbedingt unbehandelte Früchte.

TK: Tiefkühlware

Kinder, ältere Menschen, Schwangere, Kranke und Rekonvaleszenten
sollten auf Gerichte mit rohen oder nur leicht gegarten Eiern verzichten.

ISBN 1-40541-462-6

Printed in China

Inhalt

Einleitung

Im Westen sprechen wir über die chinesische Küche, als wäre sie in ganz China dieselbe. Tatsächlich aber ist China ein großes Land mit ebenso großen topografischen und klimatischen Unterschieden.

In diesem Buch finden sich köstliche Gerichte aus Szechuan im Westen, Kanton im Süden, Peking im Norden und Shanghai im Osten mit all ihren unterschiedlichen Aromen und Zubereitungsarten. Sie finden eine große Palette an würzigen und pikanten Gerichten sowie auch delikate Köstlichkeiten mit Fisch und Gemüse, viele süß-saure Gerichte und nicht zuletzt Reis- und Nudelgerichte sowie Desserts.

Für die richtige chinesische Küche ist vor allem die Konsistenz sehr wichtig. Gemüse sollte immer knackig bleiben, Reis und Nudeln sollten nur bissfest gegart werden. Zutaten wie Tofu, der nur wenig Eigengeschmack hat, werden auch wegen ihrer Konsistenz zugegeben. Auch Bambussprossen sind sehr beliebt, weil sie fest bleiben.

Zwar werden in China vor allem frische Zutaten verwendet, doch trockene Zutaten spielen immer eine Rolle, vor allem getrocknete Pilze, Reis, Nudeln und Gewürze.

GARMETHODEN

In China werden häufig verschiedene Garmethoden in einem Gericht kombiniert, wie zum Beispiel erst dämpfen und dann frittieren oder erst frittieren und dann rösten. Allerdings erfordert dies keine wirklich spezielle Küchenausrüstung. In der chinesischen Küche werden viele Gerichte gedämpft. Weit verbreitet sind spezielle Dämpfer aus Bambus. Häufig wird eine ganze Mahlzeit in mehreren aufeinander gestapelten Bambusschalen zubereitet. Der Reis kommt dabei gewöhnlich nach unten, da er die längste Garzeit benötigt. Verschiedene andere Gerichte werden darauf gestapelt.

Wenn Sie keinen Dämpfer besitzen, können Sie eine hitzebeständige Schale verwenden, die Sie in einen großen Topf stellen und mit Alufolie abdecken. Gießen Sie so viel kochendes Wasser in den Topf, dass die Schale, in der das Gericht gedämpft werden soll, bis zu einem Drittel im Wasser steht. Während des Dämpfens müssen Sie Wasser nachgießen, auch wenn zahlreiche Gerichte sehr schnell gar sind.

Das Dämpfen ist eine ausgesprochen gesunde Garmethode, da kein Fett benötigt wird und die Aromen und Vitamine erhalten bleiben.

Pfannengerührte Gerichte werden in einem Wok zubereitet, der vor der Verwendung erhitzt werden sollte. Die Zutaten werden klein geschnitten und ständig im Wok gerührt, wodurch sie gleichmäßiger und schneller gar werden. Manchmal empfiehlt es sich, die Zutaten portionsweise zu braten. Dadurch bleiben die Aromen besser erhalten. Am Ende der Garzeit kommen alle Zutaten gemeinsam in den Wok. Je nach der Region, aus der das Gericht stammt, wird dann auch eine Sauce zugegeben oder nicht. In China wird Erdnussöl zum Pfannenrühren verwendet, Sie können aber auch normales Pflanzenöl nehmen. Sie können in einem Wok auch frittieren und benötigen dabei weniger Öl als in einer Pfanne. Die Chinesen lieben es, ihre Zutaten vor dem Frittieren zu marinieren oder mit einem Teig zu ummanteln. Nudeln etwa werden manchmal nur von einer Seite gebraten.

4

ZUTATEN DER CHINESISCHEN KÜCHE

Austernsauce *wird aus Austern, Salz, Gewürzen und Stärke hergestellt. Die braune Sauce ist fertig zu kaufen.*

Bambussprossen *werden wegen ihrer festen Konsistenz geschätzt, ihr Geschmack ist wenig ausgeprägt. Diese wichtige Zutat wird in Konserven angeboten.*

Bohnensprossen *sind die nährstoff- und vitaminreichen Keimlinge der Mungobohne. Sie sollten nicht zu lange gekocht werden, da sie sonst ihren angenehm „knackigen" Biss verlieren.*

Chinabohnen *sind lang gewachsen und besonders zart. Wie feine Prinzessbohnen können sie im Ganzen gegessen werden.*

Fünf-Gewürze-Pulver *ist eine Gewürzmischung aus Zimt (Kassia), Nelken, Sternanis, Fenchelsamen und Szechuan-Pfeffer. Sie wird häufig zum Marinieren verwendet.*

Gelbe Sojabohnen *werden in Salz eingelegt angeboten. Intakte, nicht zerdrückte Früchte sind ein Zeichen von Qualität.*

Hoisin-Sauce *wird aus verschiedenen Gewürzen, Sojasauce, Knoblauch und Chilischoten hergestellt. Die dicke, dunkelbraune Sauce schmeckt süß und ist als Dip beliebt.*

Litschis *kauft man am besten als Frischware. In der leicht zu entfernenden Schale verbirgt sich die duftende, weiße Frucht. Sie sind auch in Dosen erhältlich.*

Mango *ist besonders wegen die Süße beliebt. Stellen Sie unreif gekaufte Früchte für einige Tage an einen sonnigen Ort.*

Nudeln *kommen in den verschiedensten Varianten in der chinesischen Küche vor. Es gibt gelbe Eiernudeln, weiße und dünne Reisnudeln oder auch Glasnudeln, die zunächst milchig weiß sind und erst beim Kochen durchsichtig werden. Außerdem werden in China Nudeln auch aus Buchweizen hergestellt. Alle Nudeln sind getrocknet im Handel erhältlich.*

Pak Choi *oder chinesischer Senfkohl schmeckt mild mit leicht bitterer Note.*

Reisessig *hat einen besonders delikaten, süßlich-milden Geschmack. Man kann ihn durch Apfelessig ersetzen.*

Reiswein *gleicht zwar in Farbe, Alkoholgehalt und Duft einem trockenen Sherry, wegen des besonderen Aromas sollte man aber nach Möglichkeit wirklich Reiswein verwenden.*

Schwarze Bohnen *werden zum Fermentieren in Salz eingelegt. Nach gründlichem Wässern kann man sie den Gerichten beigeben oder zu einer Würzsauce verarbeiten.*

Sesamöl *wird aus gerösteten Sesamsamen gepresst. Es eignet sich nicht als Bratöl, sondern nur als Würzmittel.*

Sojasauce *findet man heute überall, doch sollte man auf die Qualität achten. Es gibt eine helle und eine dunkle Sorte. Die helle ist dezenter und passt zu Fisch und Gemüse. Die salziger und intensiver schmeckende dunkle Sauce reicht man als Dip oder zu stark gewürztem, dunklem Fleisch.*

Sternanis *ist eine sternförmige Frucht, die ein intensives Anisaroma besitzt. Sie wird auch zu Pulver verarbeitet. Würzt man ein Gericht mit ganzen Fruchtkapseln, werden diese vor dem Servieren entfernt.*

Szechuan-Pfeffer, *auch Anispfeffer genannt, ist sehr scharf und aromatisch. Die roten Beeren sollte man vorsichtig dosieren.*

Tofu *ist in verschiedenen Formen im Handel erhältlich. Er wird aus Sojabohnen hergestellt und hat kaum Eigengeschmack. Hier wird der blockförmig gepresste Tofu verwendet. Er nimmt dank seiner porösen Struktur die anderen Aromen einer Speise perfekt auf.*

Wasserkastanien *sind runde Früchte, die süßlich schmecken und den Gerichten einen gewissen „Biss" verleihen. Bei uns werden sie meist bereits geschält und in Konserven angeboten.*

Suppen & Vorspeisen

In China werden Suppen meist nicht zu Beginn einer Mahlzeit, sondern zwischen den Gängen serviert. Häufig wird auch eine große Terrine mit klarer Suppe gleichzeitig zu den anderen Gerichten gereicht. Die Suppen in diesem Kapitel sind ausgesprochen vielseitig. Sie finden Cremesuppen, klare Brühen oder auch die berühmten Wantan-Suppen, die Sie als Haupt- oder Zwischenmahlzeit genießen können. Wofür Sie sich auch entscheiden, sie schmecken alle köstlich!

Die Vorspeisen in diesem Kapitel kombinieren moderne und traditionelle chinesische Gerichte, und Sie werden sicherlich für jede Gelegenheit etwas Passendes finden. Es ist ein großer Vorteil, dass all diese Gerichte im Voraus zubereitet werden können. Sie brauchen sich nicht auf eine Vorspeise festzulegen, sondern können auch von mehreren Rezepten kleine Portionen als Horsd'oeuvre servieren. Achten Sie dann jedoch darauf, dass Sie eine möglichst ausgewogene Auswahl treffen, deren einzelne Gerichte in Farbe, Aroma, Geschmack und Zusammensetzung miteinander harmonieren.

Klare Hühnersuppe mit Ei

Für 4 Personen

ZUTATEN

1 TL Salz	zerteilt	1 EL Reiswein
1 EL Reisessig	2 große Champignons mit	1 Spritzer Chilisauce
4 Eier	offenem Hut, in Scheiben	Chilipulver, zum Garnieren
850 ml Hühnerbrühe	geschnitten	
1 Porreestange, in Ringen	125 g Hühnerfleisch, gekocht	
125 g Brokkoli, in Röschen	und in Streifen geschnitten	

1 In einem großen Topf Wasser zum Kochen bringen. Salz und Reisessig zugeben. Die Hitze reduzieren, die Eier vorsichtig aufschlagen und einzeln in das nur noch leicht köchelnde Wasser gleiten lassen. Die Eier 1 Minute pochieren, dann herausnehmen und warm stellen.

2 In einem anderen Topf die Hühnerbrühe aufkochen, Porree, Brokkoli, Pilze, Hühnerfleisch und Reiswein zufügen. Mit der Chilisauce abschmecken und 10–15 Minuten kochen.

3 Die pochierten Eier in die Suppe geben. 2 Minuten mitkochen. Eier und Suppe auf Teller geben. Mit Chilipulver bestäuben und sofort servieren.

VARIATION

Das Hühnerfleisch kann ohne Weiteres durch 125 g Krebsfleisch oder die entsprechende Menge gegarte Garnelen ersetzt werden.

TIPP

Die Champignons können durch 4 getrocknete chinesische Pilze ersetzt werden. Diese müssen jedoch zuvor gründlich eingeweicht werden.

Currysuppe mit
Mais & Hähnchen

Für 4 Personen

ZUTATEN

180 g Mais aus der Dose,
    abgetropft
850 ml Hühnerbrühe
350 g Hähnchenbrustfilet,
    gekocht und in Streifen
    geschnitten
16 Babymaiskolben

1 TL chinesisches Currypulver
1-cm-Stück Ingwerwurzel,
    gerieben

3 EL helle Sojasauce
2 EL frisch gehackter
    Schnittlauch

1 Den Mais mit 150 ml Hühnerbrühe im Mixer glatt pürieren.

2 Das Maispüree mit der Rückseite eines Kochlöffels durch ein feines Sieb streichen, um die äußeren Häutchen der Maiskörner zu entfernen.

3 Die restliche Brühe in einen großen Topf gießen. Das Hähnchenfleisch zugeben und das Maispüree einrühren.

4 Die Babymaiskolben zugeben, die Suppe erhitzen und etwa 10 Minuten kochen.

5 Currypulver, Ingwer und Sojasauce zugeben und die Suppe weitere 10–15 Minuten kochen. Dann den Schnittlauch einrühren.

6 Die fertige Suppe auf vorgewärmte Teller verteilen und sofort servieren.

TIPP

Die Suppe kann ohne das Hähnchenfleisch am Vortag vorbereitet und kühl aufbewahrt werden. Das Fleisch wird kurz vor dem Servieren zum Aufwärmen zugegeben.

Scharf-saure Suppe

Für 4 Personen

ZUTATEN

2 EL Speisestärke
4 EL Wasser
2 EL helle Sojasauce
3 EL Reisessig
½ TL gemahlener schwarzer
    Pfeffer

1 frische rote Chilischote,
    fein gehackt
1 Ei
2 EL Öl
1 Zwiebel, gehackt
850 ml Hühner- oder
    Rinderbrühe
1 großer Champignon, mit

offenem Hut, in Scheiben
    geschnitten
50 g Hähnchenbrustfilet, in sehr
    dünne Streifen geschnitten
1 TL Sesamöl

1 Speisestärke und Wasser gut verrühren. Sojasauce, Reisessig, Pfeffer und Chilischote zugeben und alles gut vermengen.

2 Das Ei in einer Schüssel verquirlen.

3 Das Öl in einem vorgewärmten Wok erhitzen. Die Zwiebel darin 1–2 Minuten anbraten.

4 Brühe, Champignon und Hähnchenfleisch zugeben und alles etwa

5 15 Minuten kochen, bis das Fleisch gar ist.

5 Die angerührte Stärkemischung zugießen und gut unterrühren, bis die Suppe eindickt.

6 Das Ei unter ständigem Rühren langsam in die Suppe einlaufen lassen, sodass sich dünne Eierfäden bilden.

7 Die fertige Suppe mit Sesamöl beträufeln und sofort servieren.

TIPP

Das Ei muss sehr langsam unter kräftigem Rühren zugegeben werden, sonst bilden sich statt feiner Fäden grobe Klumpen.

Peking-Enten-Suppe

Für 4 Personen

ZUTATEN

125 g mageres Entenbrustfilet	1 EL Reiswein oder trockener	1 Prise gemahlener Sternanis
220 g Chinakohl	Sherry	1 EL Sesamsaat
850 ml Hühner- oder	1 EL helle Sojasauce	1 TL Sesamöl
Entenbrühe	2 Knoblauchzehen, zerdrückt	1 EL frisch gehackte Petersilie

1 Das Entenbrustfilet in kleine Würfel schneiden.

2 Den Chinakohl mit einem scharfen Messer in dünne Streifen schneiden.

3 Die Geflügelbrühe in einem großen Topf aufkochen.

4 Dann Reiswein oder Sherry, Entenfleisch und Chinakohl in die Geflügelbrühe geben. Alles gut verrühren und bei mäßiger Hitze 15 Minuten köcheln.

5 Knoblauch und Sternanis unterrühren und weitere 10–15 Minuten köcheln, bis das Fleisch gar ist.

6 In einer vorgewärmten Pfanne oder einem Wok den Sesam ohne Fett unter ständigem Rühren rösten.

7 Den Sesam mit Sesamöl und Petersilie in die Suppe einrühren.

8 Die Suppe in vorgewärmte Teller geben und servieren.

TIPP

Statt des Chinakohls kann man auch zarten Grünkohl verwenden. Weil die europäischen Kohlarten intensiver schmecken, sollte man die Menge geringer bemessen.

Nudelsuppe mit Rind & Gemüse

Für 4 Personen

ZUTATEN

220 g mageres Rindfleisch	1 TL Sesamöl	½ Porreestange, in Ringen
1 Knoblauchzehe, zerdrückt	220 g Eiernudeln	125 g Brokkoli, in Röschen
2 Frühlingszwiebeln, in Ringen	850 ml Rinderbrühe	zerteilt
3 EL Sojasauce	3 Babymaiskolben, in Scheiben	1 Prise Chilipulver

1 Das Fleisch mit einem scharfen Messer in dünne Streifen schneiden und in eine flache Glasschale legen.

2 Knoblauch, Frühlingszwiebeln, Sojasauce und Sesamöl zugeben und gut mit dem Fleisch vermischen. Im Kühlschrank abgedeckt 30 Minuten marinieren.

3 Die Nudeln in sprudelndem Wasser 3–4 Minuten gar kochen, gut abtropfen lassen und beiseite stellen.

4 Die Rinderbrühe in einen großen Topf gießen und aufkochen.

5 Das Fleisch zusammen mit der Marinade, dem Mais, Porree und Brokkoli zugeben. Abgedeckt bei schwacher Hitze 7–10 Minuten köcheln, bis Fleisch und Gemüse gar sind.

6 Nudeln und Chilipulver unterrühren und alles weitere 2–3 Minuten kochen. In Schälchen füllen und sofort servieren.

TIPP

Die Gemüsesorten lassen sich gut entsprechend der Jahreszeiten variieren. Wer es scharf liebt, ersetzt das Chilipulver durch einige Tropfen Chilisauce.

Reissuppe mit Lamm

Für 4–6 Personen

ZUTATEN

150 g mageres Lammfleisch	Scheiben geschnitten
Salz	2 TL helle Sojasauce
50 g Reis	1 TL Reisessig
850 ml Lammbrühe	1 mittelgroßer Champignon mit
1 Porreestange, in Ringen	offenem Hut, dünn
1 Knoblauchzehe, in dünne	geschnitten

1 Das Lammfleisch von überschüssigem Fett befreien, dann in dünne Streifen schneiden und beiseite stellen.

2 In einem Topf Salzwasser zum Kochen bringen und den Reis zugeben. Aufkochen, einmal umrühren und dann bei schwacher Hitze 10–15 Minuten weich kochen. Das Kochwasser abgießen, den Reis unter fließend kaltem Wasser abspülen, abtropfen lassen und beiseite stellen.

3 Unterdessen die Lammbrühe in einem großen Topf aufkochen.

4 Lammfleisch, Porree, Knoblauch, Sojasauce und Reisessig in die Brühe geben. Abgedeckt bei geringer Hitze etwa 10 Minuten köcheln, bis das Fleisch zart und gar ist.

5 Pilzscheiben und Reis untermischen und 2–3 Minuten kochen, bis die Pilze weich sind.

6 Die Suppe gleichmäßig auf 4 vorgewärmte tiefe Teller verteilen und sofort servieren.

TIPP

Wahlweise kann man statt des Champignons chinesische Trockenpilze verwenden. Die Pilze einweichen, dann klein hacken und zusammen mit dem Lamm in Schritt 4 zugeben.

Fischsuppe mit Wantans

Für 4 Personen

ZUTATEN

125 g große Garnelen, gegart
und geschält
1 TL frisch gehackter
Schnittlauch
1 Knoblauchzehe, fein gehackt

1 EL Öl
12 Wantan-Hüllen
1 kleines Ei, verquirlt
850 ml Fischfond

180 g Fischfilet, gewürfelt
1 Spritzer Chilisauce
frische rote Chilischote und
Schnittlauch, gehackt,
zum Garnieren

1 Ein Viertel der Garnelen grob hacken und mit gehacktem Schnittlauch und Knoblauch vermischen.

2 Das Öl im Wok stark erhitzen und die Garnelenmischung darin 1–2 Minuten scharf anbraten. Vom Herd nehmen und vollständig abkühlen lassen.

3 Die Wantan-Hüllen auf einer Arbeitsplatte ausbreiten. 1 Teelöffel Garnelenmischung in die Mitte jeder Teigplatte platzieren. Die Ränder der Wantan-Hüllen mit dem Ei bestreichen, hochnehmen und zusammendrücken, sodass gut verschlossene Säckchen entstehen. Beiseite stellen und die Suppe zubereiten.

4 Den Fischfond in einem Topf aufkochen. Das in Würfel geschnittene Fischfilet und die restlichen Garnelen zugeben und 5 Minuten kochen.

5 Mit Chilisauce abschmecken. Die Wantans zugeben und weitere 5 Minuten kochen. In vorgewärmte Schälchen füllen, mit Chilischote und Schnittlauch garnieren und sofort servieren.

VARIATION

Ersetzen Sie zur Abwechslung die Garnelen durch gekochtes Krebsfleisch

Krebssuppe mit Ingwer

Für 4 Personen

ZUTATEN

1 Karotte, gehackt	2 mittelgroße Taschenkrebse,	1 TL helle Sojasauce
1 Porreestange, in Ringen	gegart	½ TL gemahlener Sternanis
1 Lorbeerblatt	2,5-cm-Stück Ingwerwurzel,	Salz und Pfeffer
850 ml Fischfond	geraspelt	

1 Karotte, Porree und Lorbeerblatt mit der Brühe in einem Topf zum Kochen bringen. Bei schwacher Hitze 10 Minuten köcheln, bis das Gemüse fast weich ist.

2 Unterdessen das Fleisch aus den Taschenkrebsen auslösen. Scheren und Beine an den Gelenken abbrechen und das Fleisch mit Hilfe einer Gabel herausziehen. Das Krebsfleisch in den Fond geben.

3 Ingwer, Sojasauce und Sternanis einrühren und aufkochen. Ca. 10 Minuten bei mäßiger Hitze ziehen lassen, bis das Gemüse weich und das Krebsfleisch heiß ist. Mit Salz und Pfeffer kräftig abschmecken.

4 Die Suppe in vorgewärmte Schalen füllen, mit den Krebsscheren garnieren. Sofort servieren.

TIPP

Ist kein frisches Krebsfleisch verfügbar, kann man auf tiefgefrorenes Fleisch oder Dosenware zurückgreifen.

TIPP

Um den Panzer des Krebses zu knacken, kräftig auf die Bauchseite schlagen. Dann den Krebs hochkant stellen, die Unterseite vom Körper wegdrücken und so von der Rückenhälfte trennen. Scheren und Beine abdrehen und das Fleisch auslösen. Kiemenlamellen und Schwanz wegwerfen. Das verbleibende Krebsunterteil in der Mitte längs durchschneiden und das Fleisch herauspulen. Mit einem Löffel das Fleisch aus dem Rückenpanzer schaben.

Suppe mit Garnelentaschen

Für 4 Personen

ZUTATEN

TEIG:
150 g Mehl
50 ml kochendes Wasser
25 ml kaltes Wasser
1½ TL Öl

FÜLLUNG:
125 g feines Schweinehack
125 g Garnelen, gegart, geschält und gehackt
50 g Wasserkastanien aus der

Dose, abgetropft, gewaschen und klein geschnitten
1 Selleriestange, klein geschnitten
1 TL Speisestärke
1 EL Sesamöl
1 EL helle Sojasauce

SUPPE:
850 ml Fischfond
50 g Glasnudeln
1 EL Reiswein
frisch gehackter Schnittlauch, zum Garnieren

1 Für den Teig Mehl, kochendes und kaltes Wasser sowie Öl in einer Schüssel zu einem weichen Teig verrühren.

2 Den Teig auf einer bemehlten Arbeitsfläche 5 Minuten durchkneten, dann in 16 Stücke teilen.

3 Die Teigstücke zu Platten von 7,5 cm Ø ausrollen.

4 Die Zutaten für die Füllung mischen.

5 Etwas von der Füllung mit einem Löffel in die Mitte jeder Teigplatte setzen. Die Ränder hochnehmen und gut zusammendrücken, die oberen Enden dabei leicht drehen, um die Taschen gut zu schließen.

6 Den Fischfond zum Kochen bringen.

7 Glasnudeln, Taschen und Reiswein zufügen und 4–5 Minuten kochen. Sobald Nudeln und Teigtaschen gar sind, garnieren und servieren.

TIPP

Soll es schnell gehen, kann man auch fertige Wantan-Hüllen verwenden.

Chinesische Kohlsuppe

Für 4 Personen

ZUTATEN

450 g Pak Choi	1 EL Zucker	1 EL Speisestärke
600 ml Gemüsebrühe	1 EL Reiswein	2 EL Wasser
1 EL Reisessig	1 frische rote Chilischote, fein	
1 EL helle Sojasauce	geschnitten	

1 Das untere Ende des Pak Choi abschneiden und wegwerfen. Die Pak-Choi-Blätter hacken.

2 Die Brühe in einen großen Topf gießen, die Pak-Choi-Blätter zugeben und 10–15 Minuten leise kochen.

3 Reisessig, Sojasauce, Zucker und Reiswein mischen und mit der Chilischote zur Brühe geben. Die Brühe aufkochen und 2–3 Minuten ziehen lassen.

4 Die Speisestärke im Wasser auflösen. Langsam in die Suppe einrühren. Unter ständigem Rühren kochen, bis die Suppe eindickt. Weitere 4–5 Minuten kochen. Dann in vorgewärmte Schalen füllen und sofort servieren.

TIPP

Pak Choi ähnelt mit seinen weißen, dicken Stielen und den grünen Blättern dem Mangold. Es gibt zahlreiche Sorten, die sich eher in Größe und Form als im Geschmack unterscheiden.

VARIATION

2 EL Reis in leicht gesalzenem Wasser gar kochen. Den abgetropften Reis auf den Boden der Schalen geben und dann mit der heißen Suppe auffüllen.

Frühlingsrollen

Für 4 Personen

ZUTATEN

180 g Schweinefleisch, gekocht und klein gehackt	Dose, abgetropft, gewaschen und klein geschnitten	5 EL Speisestärke
80 g Hühnerfleisch, gekocht und klein gehackt	1 grüne Paprika, entkernt und in Streifen geschnitten	450 ml Wasser
1 TL helle Sojasauce	2 Frühlingszwiebeln, in dünne Ringe geschnitten	3 EL Öl
1 TL brauner Zucker	1 TL Speisestärke	Öl, zum Frittieren
1 TL Sesamöl	2 TL Wasser	
1 TL Öl	TEIGHÜLLEN:	
220 g Bohnensprossen	125 g Mehl	
25 g Bambussprossen aus der		

1 Das Fleisch mit Sojasauce, Zucker und Sesamöl vermischen. Abgedeckt 30 Minuten marinieren. Das Öl im Wok erhitzen. Bohnen- und Bambussprossen, Paprika und Frühlingszwiebeln 2–3 Minuten pfannenrühren. Das Fleisch mit der Marinade in den Wok geben. Weitere 2–3 Minuten braten. Die Speisestärke mit dem Wasser verrühren und gründlich unter die Fleischmischung

im Wok ziehen. Vollständig abkühlen lassen.

2 Für den Teig Mehl und Speisestärke mischen und mit dem Wasser zu einem glatten Teig verarbeiten. Eine Pfanne einölen und erhitzen. Ein Achtel des Teigs auf dem Pfannenboden verteilen. 2–3 Minuten braten. So insgesamt 8 Teighüllen zubereiten und mit einem feuchten Geschirrtuch abdecken.

3 Die Teighüllen ausbreiten und jeweils etwas von der Füllung in der Mitte auftragen. Die Teigränder mit Wasser befeuchten, zwei Seiten nach innen schlagen, dann die Teigtaschen aufrollen.

4 Das Frittieröl im Wok auf 180 °C erhitzen. Die Rollen 2–3 Minuten knusprig backen. Herausnehmen, abtropfen lassen und servieren.

Dim Sum mit Schweinefleisch

Für 4 Personen

ZUTATEN

400 g Schweinehack	2 TL Zucker	24 Wantan-Hüllen
2 Frühlingszwiebeln, in dünne	50 g Bambussprossen aus der	
Ringe geschnitten	Dose, abgetropft	
1 EL helle Sojasauce	und klein geschnitten	
1 EL Reiswein	1 Eiweiß, leicht verquirlt	
2 TL Sesamöl	4¹/₂ TL Speisestärke	

1 Das Schweinehack mit Frühlingszwiebeln, Sojasauce, Reiswein, Sesamöl, Zucker, Bambussprossen und Eiweiß gut vermischen.

2 Die Speisestärke zugeben und alles sorgfältig vermengen.

3 Die Wantan-Hüllen auf einer Arbeitsplatte ausbreiten. Jeweils einen Teelöffel der Füllung in die Mitte jedes Teigblattes setzen. Dann die Ränder anfeuchten.

4 Die Ecken der Teigblätter hochnehmen und die Ränder fest zusammendrücken.

5 Einen Dämpfeinsatz mit einem sauberen Geschirrtuch auskleiden und die Wantans darauf setzen. Abgedeckt 5–7 Minuten über Dampf garen. Servieren.

TIPP

Der Dämpfeinsatz sollte so groß sein, dass er auf den gewölbten Rändern des Woks über dem kochenden Wasser sitzt.

VARIATION

Wahlweise können auch Garnelen, gehacktes Hähnchen- oder Krebsfleisch und andere Gemüsesorten wie Karotten für die Füllung verwendet werden.

Knusprige Krebs-Wantans

Für 4 Personen

ZUTATEN

180 g weißes Krebsfleisch, zerpflückt

1 kleine frische rote Chilischote, geschnitten

1 Frühlingszwiebel, in dünne Ringe geschnitten

50 g Wasserkastanien aus der

Dose, abgetropft, gewaschen und klein geschnitten

1 EL Speisestärke

1 TL Reiswein

1 TL helle Sojasauce

½ TL Limettensaft

24 Wantan-Hüllen

Öl, zum Frittieren

Limettenscheiben, zum Garnieren

1 Für die Füllung Krebsfleisch, Chilischote, Frühlingszwiebel, Wasserkastanien, Speisestärke, Reiswein, Sojasauce und Limettensaft vermischen.

2 Die Wantan-Hüllen auf einer Arbeitsplatte ausbreiten. Jeweils etwas von der Füllung in die Mitte der Teigblätter setzen.

3 Die Teigblätter an den Rändern mit Wasser befeuchten und zu Dreiecken zusammenfalten. Die beiden Ecken an der Breitseite nach innen schlagen, befeuchten und andrücken.

4 Das Frittieröl in einem hohen Topf auf 180 °C erhitzen, ein Brotwürfel wird darin innerhalb von 30 Sekunden braun. Die Wantans portionsweise in 2–3 Minuten goldgelb und knusprig frittieren. Mit einem Schaumlöffel aus dem Öl nehmen und auf Küchenpapier abtropfen lassen.

5 Die Wantans heiß, mit Limettenscheiben garniert servieren.

TIPP

Wantan-Hüllen sind in jedem asiatischen Lebensmittelmarkt erhältlich. Sie werden aus Weizenmehl und Ei hergestellt und sind hauchdünn sowie zerbrechlich. Die Wantans sollten sorgfältig verschlossen werden, damit die Füllung beim Frittieren nicht austreten kann.

Gedämpfte Teigtaschen

Für 4 Personen

ZUTATEN

TEIG:
180 g Mehl
1 Prise Salz
3 EL Öl
6–8 EL kochendes Wasser

FÜLLUNG:
150 g mageres Hühnerfleisch,
sehr fein gehackt

2 Frühlingszwiebeln, in dünnen
Ringen
25 g Bambussprossen aus der
Dose, abgetropft, gewaschen
und klein geschnitten
½ rote Paprika, entkernt und fein
gewürfelt
½ TL chinesisches Currypulver
1 EL helle Sojasauce

1 TL Zucker
1 TL Sesamöl

Öl, zum Frittieren
125 ml Wasser, zum Dämpfen
Frühlingszwiebelringe und
Schnittlauchröllchen,
zum Garnieren
Sojasauce oder Hoisin-Sauce,
als Dip

1 Für den Teig Mehl und Salz in einer Schüssel mischen. Öl und Wasser zugießen und zu einem weichen Teig verarbeiten. Auf einer bemehlten Arbeitsfläche durchkneten, in bemehlte Frischhaltefolie einschlagen und 30 Minuten ruhen lassen.

2 Alle Zutaten für die Füllung vermischen.

3 Den Teig in 12 gleich große Stücke teilen. Jedes zu einer Platte von 12 cm Ø ausrollen. Etwas Füllung auf eine Hälfte jeder Platte geben, die andere Hälfte darüber klappen und die Ränder gut zusammendrücken.

4 In einer gusseisernen Pfanne das Öl erhitzen und die Teigtaschen darin portionsweise goldgelb und knusprig frittieren. Dann alle Teigtaschen wieder in die Pfanne geben und das Wasser zugießen. Abgedeckt ca.
5 Minuten gar dämpfen. Mit einem Schaumlöffel herausnehmen und mit Frühlingszwiebeln und Schnittlauch garnieren. Mit Soja- oder Hoisin-Sauce servieren.

Pfannkuchenröllchen

Für 4 Personen

ZUTATEN

4 TL Öl	220 g Pak Choi, in Streifen	8 große Blätter Frühlingsrollen-
1–2 Knoblauchzehen, zerdrückt	geschnitten	Teig
220 g Schweinehack	4½ TL helle Sojasauce	Öl, zum Frittieren
	½ TL Sesamöl	Chilisauce, als Dip (s. Tipp)

1 In einem vorgewärmten Wok das Öl erhitzen und den Knoblauch 30 Sekunden anbraten. Das Schweinefleisch zufügen und 2–3 Minuten unter Rühren braten, bis es leicht gebräunt ist. Pak Choi, Sojasauce und Sesamöl zugeben und alles weitere 2–3 Minuten braten. Den Wok vom Herd nehmen und die Füllung abkühlen lassen.

2 Auf einer Arbeitsplatte die Teigblätter ausbreiten und 2 Esslöffel Fleischmasse entlang einer Seite verteilen. Umschlagen, dann die Seitenränder nach innen klappen. Die Ränder mit Wasser befeuchten und die Teigblätter aufrollen. Möglichst 10 Minuten ruhen lassen, damit die Ränder gut zusammenkleben.

3 Das Öl im Wok sehr stark erhitzen, dann die Hitze etwas reduzieren. Die Pfannkuchenröllchen portionsweise 3–4 Minuten goldbraun frittieren. Herausnehmen und auf Küchenpapier abtropfen lassen. Mit Chilisauce servieren.

TIPP

Für die Chilisauce in einem kleinen Topf 60 g Zucker in 50 ml Reisessig und 2 EL Wasser unter Rühren auflösen. Dann die Masse rasch zu einer leicht sirupartigen Konsistenz einkochen. Vom Herd nehmen und 2 fein gehackte frische rote Chilischoten unterrühren. Vor dem Servieren abkühlen lassen. Für eine mildere Sauce vor dem Hacken die Samen der Chilischoten entfernen.

Sesam-Krabben-Toasts

Für 4 Personen

ZUTATEN		
220 g Krabben, gegart und geschält	1 Eiweiß, geschlagen	4 EL Sesamsaat
1 Frühlingszwiebel	3 dünne Scheiben Weißbrot ohne Rinde	Öl, zum Frittieren
¼ TL Salz		
1 TL helle Sojasauce		
1 EL Speisestärke		

1 Krabben und Frühlings-
zwiebel in eine Küchen-
maschine geben und fein
pürieren. Alternativ fein
hacken. In eine Schüssel
geben und Salz, Sojasauce,
Speisestärke und Eiweiß
sorgfältig einrühren.

2 Die Weißbrotscheiben
mit der Krabbenmasse
bestreichen. Mit der Sesamsaat überstreuen und diese
fest andrücken.

3 Jede Brotscheibe in
4 gleich große Streifen
oder Dreiecke schneiden.

4 Das Öl in einem Wok
sehr stark erhitzen. Die
Dreiecke vorsichtig mit der
bestrichenen Seite nach
unten in das Öl legen und
2–3 Minuten goldbraun braten. Mit einem Schaumlöffel
herausheben und auf
Küchenpapier abtropfen lassen. Heiß servieren.

TIPP

*Braten Sie die Brotdreiecke
in zwei Portionen und
halten Sie die erste warm.
So verhindern Sie, dass sie
zusammenkleben.*

VARIATION

*Nach Geschmack
½ TL fein gehackten
Ingwer und
1 TL chinesischen
Reiswein in Schritt 1 unter
die Krabbenmasse rühren.*

Ausgebackene Garnelen süß-sauer

Für 4 Personen

ZUTATEN

16 große Garnelen, geschält
1 TL frisch geriebener Ingwer
1 Knoblauchzehe, zerdrückt
2 Frühlingszwiebeln, in Ringen
2 EL Reiswein
2 TL Sesamöl
1 EL helle Sojasauce

TEIG:
4 Eiweiß
4 EL Speisestärke
2 EL Mehl

SAUCE:
2 EL Tomatenmark
3 EL Weißweinessig
4 TL helle Sojasauce
2 EL Zitronensaft
3 EL brauner Zucker
1 grüne Paprika, entkernt und in

dünne Streifen geschnitten
½ TL Chilisauce
300 ml Gemüsebrühe
2 TL Speisestärke

Öl, zum Frittieren
1 Frühlingszwiebel, in Streifen, zum Garnieren

1 Den Darm der Garnelen entfernen und die Garnelen flachdrücken.

2 Die Garnelen in eine Schüssel geben und Ingwer, Knoblauch, Frühlingszwiebeln, Reiswein, Sesamöl und Sojasauce untermischen. Abgedeckt 30 Minuten marinieren.

3 Für den Teig das Eiweiß steif schlagen. Mehl und Speisestärke unterheben und zu einem dünnen Teig verrühren.

4 Alle Zutaten für die Sauce in einen Topf geben und aufkochen. Bei geringer Hitze 10 Minuten köcheln.

5 Die Garnelen aus der Marinade nehmen und in den Teig tauchen.

6 Das Öl fast bis zum Rauchen erhitzen, die Hitze reduzieren und die Garnelen 3–4 Minuten knusprig frittieren. Garnieren und mit der Sauce servieren.

Reispapiertaschen mit Garnelen

Für 4 Personen

ZUTATEN

1 Eiweiß
2 TL Speisestärke
2 TL Reiswein
1 TL Zucker
2 TL Hoisin-Sauce

220 g Garnelen, gegart und
  geschält
4 Frühlingszwiebeln, in Ringen
25 g Wasserkastanien aus der
  Dose, abgetropft, gewaschen
  und klein geschnitten
8 chinesische Reispapierblätter
Öl, zum Frittieren

Pflaumen- oder Hoisin-Sauce,
  als Dip

1 Das Eiweiß schlagen, Speisestärke, Reiswein, Zucker und Hoisin-Sauce unterrühren. Garnelen, Frühlingszwiebeln und Wasserkastanien zugeben. Alles gut verrühren.

2 Die Reispapierblätter einzeln in eine Schüssel Wasser tauchen, um sie geschmeidig zu machen. Anschließend auf einer Arbeitsplatte ausbreiten.

3 Etwas von der Garnelenmischung in die Mitte jedes Blattes geben. Die Ränder nach innen schlagen und jedes Blatt aufrollen.

4 Das Öl im Wok fast bis zum Rauchen erhitzen. Die Hitze reduzieren und die Teigtaschen portionsweise 4–5 Minuten frittieren. Mit einem Schaumlöffel herausnehmen und auf Küchenpapier gründlich abtropfen lassen.

5 Die Reispapiertaschen auf einer vorgewärmten Platte anrichten und mit etwas Pflaumen- oder Hoisin-Sauce servieren.

TIPP

Ist kein Reispapier verfügbar, kann man auch Wantan-Hüllen verwenden.

Gebratene Krebstaschen

Für 4 Personen

ZUTATEN

450 g Krebsfleisch, frisch oder aus der Dose, abgetropft	125 g Chinakohl, in dünne Streifen geschnitten	16 Wantan-Hüllen
½ rote Paprika, entkernt und fein gewürfelt	25 g Bohnensprossen, grob gehackt	1 kleines Ei, verquirlt
	1 EL helle Sojasauce	2 EL Erdnussöl
	1 TL Limettensaft	1 TL Sesamöl
	Salz und Pfeffer	

1 Krebsfleisch, Paprika, Chinakohl, Bohnensprossen, Sojasauce und Limettensaft in einer Schüssel vermengen. Mit Salz und Pfeffer abschmecken. 15 Minuten beiseite stellen, gelegentlich umrühren.

2 Die Wantan-Hüllen auf einer Arbeitsplatte ausbreiten. Jeweils in die Mitte etwas von der Krebsfleischfüllung geben. Den Rest der Mischung beiseite stellen.

3 Die Ränder der Teigblätter mit dem ver-

quirlten Ei bestreichen und die Wantan-Hüllen zu Dreiecken zusammenklappen. Dabei die Luft herausdrücken und die Ränder gut zusammendrücken.

4 Das Erdnussöl im vorgewärmten Wok erhitzen. Die Krebstaschen nach und nach 3–4 Minuten unter Wenden braun braten.

5 Die restliche Krebsfleischmischung in der Pfanne bei geringer Hitze kurz anbraten. Die Taschen mit der Krebsfleisch-

mischung anrichten, das Sesamöl darüber träufeln und sofort servieren.

TIPP

Die Krebstaschen müssen gut verschlossen und ohne überschüssige Luft sein, sonst platzen sie beim Braten leicht auf.

Schweinerippchen

Für 4 Personen

ZUTATEN

900 g Schweinerippchen (Spareribs)	1 Prise Fünf-Gewürze-Pulver
2 EL dunkle Sojasauce	2 TL brauner Zucker
3 EL Hoisin-Sauce	$1/4$ TL Chilisauce
1 EL chinesischer Reiswein oder trockener Sherry	2 Knoblauchzehen, zerdrückt
	Korianderblätter, zum Garnieren (nach Geschmack)

1 Die Rippchen entlang der Knochen auseinander schneiden. Nach Belieben mit einem Hackbeil in 5 cm lange Stücke zerteilen.

2 Sojasauce, Hoisin-Sauce, Reiswein, Fünf-Gewürze-Pulver, braunen Zucker, Chilisauce und Knoblauch vermischen.

3 Die Rippchen in eine Schale legen. Die Gewürzmischung gleichmäßig über die Rippchen verteilen. Abgedeckt im Kühlschrank für 1 Stunde marinieren; das Fleisch ab und zu wenden.

4 Den Backofen auf 180 °C vorheizen. Einen Rost auf eine zur Hälfte mit warmem Wasser gefüllte Saftpfanne aufsetzen. Die Rippchen aus der Marinade nehmen und nebeneinander auf den Rost legen. Mit der Hälfte der Marinade bestreichen, den Rest aufbewahren.

5 Die Rippen 30 Minuten im Ofen backen, dann wenden. Mit der restlichen Marinade bestreichen und für weitere 30 Minuten backen. Die Rippchen auf einer vorgewärmten Platte anrichten, nach Geschmack mit Korianderblättern garnieren und sofort servieren.

TIPP

In der Saftpfanne muss immer ausreichend Wasser sein, denn der Wasserdampf unterstützt den Garprozess. Wenn nötig, heißes Wasser nachfüllen.

Hähnchenflügel mit Honig

Für 4 Personen

ZUTATEN

1 getrocknete rote Chilischote	2 EL Hoisin-Sauce
½–1 TL Chilipulver	2 EL Honig
½–1 TL gemahlener Ingwer	2 Knoblauchzehen, zerdrückt
abgeriebene Schale von	1 TL Sesamsaat
1 Limette	
450 g Hähnchenflügel	
2 EL Erdnussöl	
2 EL helle Sojasauce	

1 Die Chilischote im Mörser zerstoßen. In eine Schale geben und mit Chilipulver, Ingwer und Limettenschale mischen.

2 Die Hähnchenflügel mit der Gewürzmischung einreiben. Mindestens 2 Stunden ruhen lassen, damit die Gewürze in das Fleisch einziehen.

3 In einem vorgewärmten Wok das Erdnussöl erhitzen.

4 Die Hähnchenflügel unter häufigem Wenden 10–12 Minuten goldbraun und knusprig braten. Das überschüssige Öl abgießen.

5 Sojasauce, Hoisin-Sauce, Honig, Knoblauch und Sesamsaat in den Wok geben. Die Flügel darin wenden, bis sie überall überzogen sind.

6 Die Hitze reduzieren und die Hähnchenflügel unter häufigem Wenden 20 Minuten garen. Heiß servieren.

TIPP

Die Hähnchenflügel können im Voraus zubereitet und tiefgefroren werden. Später die aufgetauten Flügel bei mittlerer Hitze im Ofen aufwärmen.

Gedämpfte Entenklößchen

Für 4 Personen

ZUTATEN

FÜLLUNG:

300 g Entenbrustfilet

1 EL brauner Zucker

1 EL helle Sojasauce

2 EL Honig

1 EL Hoisin-Sauce

1 EL Öl

1 Porreestange, klein geschnitten

1 Knoblauchzehe, zerdrückt

1-cm-Stück Ingwerwurzel, geraspelt

TEIG:

15 g Trockenhefe

1 TL Zucker

2 EL warmes Wasser

180 ml warme Milch

300 g Mehl

1 Den Backofen auf 200 °C vorheizen. Für die Füllung das Entenfleisch in eine Schale legen. Zucker, Sojasauce, Honig und Hoisin-Sauce vermengen und über das Fleisch verteilen. 20 Minuten marinieren. Das Fleisch aus der Marinade nehmen, auf einen Rost legen und im Ofen backen. Abkühlen lassen und in Würfel schneiden.

2 Das Öl im Wok erhitzen. Porree, Knoblauch und Ingwer 3 Minuten darin anbraten. Dann unter das Entenfleisch mischen.

3 Hefe, Zucker und Wasser vermischen und an einem warmen Platz 15 Minuten gehen lassen. Dann die Hefemischung mit Milch und Mehl zu einem Teig verarbeiten. Auf einer bemehlten Arbeitsfläche 5 Minuten kneten. Zu einer 2,5 cm dicken Rolle formen. In 16 Stücke teilen und gut abgedeckt 20–25 Minuten ruhen lassen. Die Teigstücke zu Platten von 10 cm Ø ausrollen. Jeweils einen Löffel der Füllung in die Mitte geben. Die Ränder hochnehmen und fest zusammendrücken, dabei die Enden leicht drehen.

4 Die Klößchen in einen mit einem feuchten Geschirrtuch ausgelegten Dämpfeinsatz legen. Abgedeckt 20 Minuten über Wasserdampf garen.

Fleischbällchen im Spinatmantel

Für 4 Personen

ZUTATEN

125 g Schweinefleisch	Dose, abgetropft, gewaschen	SAUCE:
1 kleines Ei	und klein geschnitten	150 ml Gemüsebrühe
1-cm-Stück Ingwerwurzel,	2 TL Speisestärke	½ TL Speisestärke
gehackt	450 g frischer Spinat	1 TL kaltes Wasser
2 Zwiebel, fein gehackt	2 TL Sesamsaat	1 TL helle Sojasauce
1 EL kochendes Wasser		½ TL Sesamöl
2 Scheiben geräucherter Speck,		1 EL Schnittlauchröllchen
gewürfelt		
25 g Bambussprossen aus der		

1 Das Schweinefleisch in der Küchenmaschine sehr fein hacken. Das Ei verquirlen und unter das Fleisch mischen.

2 In einer Schale Ingwer und Zwiebel mit kochendem Wasser übergießen und 5 Minuten stehen lassen. Abtropfen lassen und mit Speckwürfeln, Bambussprossen und Speisestärke zur Fleischmasse geben. Gut vermischen und 12 Bällchen formen.

3 Den Spinat waschen und die Stängel entfernen. 10 Sekunden blanchieren, abtropfen lassen und alle Flüssigkeit auspressen. In sehr dünne Streifen schneiden und mit dem Sesam vermischen. Den Spinat auf einem Backblech auslegen und die Fleischbällchen darin rollen, bis sie ringsum vom Spinat ummantelt sind.

4 Die Spinatbällchen auf einen hitzebeständigen Teller legen und in einem Dämpfeinsatz über Wasserdampf 8–10 Minuten garen.

5 Für die Sauce die Brühe in einem Topf aufkochen. Die Speisestärke mit dem Wasser vermischen und in die Brühe einrühren. Sojasauce, Sesamöl und Schnittlauch zufügen und alles verrühren. Die Fleischbällchen auf vorgewärmten Portionstellern mit der Sauce servieren.

Gedämpfte Kohlrouladen

Für 4 Personen

ZUTATEN

8 Wirsingblätter, die harten Stiele entfernt	1 Ei, verquirlt	1 Knoblauchzehe, in dünne Scheiben geschnitten
220 g Hähnchenbrustfilet	1 EL Öl	frische rote Chilischote,
180 g Garnelen, geschält	1 Porreestange, in Ringen	in dünnen Streifen,
1 TL Speisestärke		zum Garnieren
½ TL Chilipulver		

1 In einem großen Topf Wasser zum Kochen bringen und darin die Wirsingblätter 2 Minuten blanchieren. Herausnehmen, unter fließend kaltem Wasser abspülen und abtropfen lassen. Mit Küchenpapier gut trockentupfen und auf der Arbeitsplatte ausbreiten.

2 Hähnchenfleisch und Garnelen in der Küchenmaschine fein hacken. Die Mischung in eine Schüssel füllen, mit Speisestärke, Chilipulver und Ei gut verrühren.

3 Jeweils 2 Esslöffel der Hähnchen-Garnelen-Mischung auf ein Ende jedes Wirsingblattes setzen. Die Ränder über die Füllung klappen und die Blätter aufrollen.

4 Die Wirsingrouladen mit der Nahtseite nach unten in einer Schicht auf einen hitzebeständigen Teller legen und in einem Dämpfeinsatz über Wasserdampf ca. 10 Minuten garen.

5 Das Öl im vorgewärmten Wok erhitzen, Porree und Knoblauch darin

1–2 Minuten unter Rühren anbraten.

6 Wirsingröllchen und Porree auf vorgewärmten Tellern anrichten und mit den Chilistreifen garnieren.

TIPP

Man kann auch andere Kohlarten, wie z.B. Chinakohl für dieses Rezept verwenden.

Chinesisches Omelett

Für 4 Personen

ZUTATEN

8 Eier	12 Riesengarnelen, geschält	1 Spritzer Chilisauce
220 g Hühnerfleisch, gekocht und klein geschnitten	2 EL frisch gehackter Schnittlauch	2 EL Öl
	2 TL helle Sojasauce	

---

1 Die Eier in einer großen Schüssel verquirlen.

2 Hühnerfleisch und Riesengarnelen zu den Eiern geben. Alles gut vermischen.

3 Dann Schnittlauch, Sojasauce und Chilisauce unterrühren.

4 In einer großen Pfanne das Öl mittelstark erhitzen. Die Eiermasse hineingießen und durch Schwenken gut verteilen. Das Omelett vorsichtig mit einer Gabel durchrühren, bis die Oberfläche stockt und die Unterseite goldbraun ist.

5 Das Omelett mit Hilfe eines Spatels aus der Pfanne nehmen.

6 Zum Servieren das Omelett in Vierecke teilen oder tortenförmig aufschneiden.

VARIATION

Das Omelett erhält zusätzliche Würze, wenn 3 EL fein gehackter Koriander oder 1 TL Sesamsaat in Schritt 3 zugegeben werden.

TIPP

Reicht man Gemüse dazu, wird daraus ein Hauptgericht für 2 Personen.

Haupt-
gerichte

In diesem Kapitel finden Sie die unterschiedlichsten Zubereitungsmethoden und Zutaten, die Ihnen eine große Palette von Hauptgerichten für alle Gelegenheiten zur Verfügung stellen - sei es für ein einfaches Abendessen, ein feierliches Menü oder ein gemütliches Beisammensein.

Achten Sie vor allem bei Fisch und Meeresfrüchten darauf, dass die Zutaten so frisch wie möglich sind. In vielen Gerichten können Sie Fisch oder Fleisch verwenden und austauschen, ganz wie es Ihnen beliebt.

Wenn Sie Gäste erwarten, können Sie verschiedene Gerichte anbieten und die meisten schon vorher zubereiten, sodass Sie mehr Zeit mit Ihren Gästen als in der Küche verbringen können.

Die Portionen sind auf ein traditionelles chinesisches Menü ausgerichtet und daher etwas kleiner, als wir sie gewohnt sind. So können Sie eine Auswahl treffen und Ihr eigenes chinesisches Bankett vorbereiten.

Gedünsteter Fisch in Bohnensauce

Für 4 Personen

ZUTATEN

900 g Schnapper, gewaschen
und geschuppt
3 Knoblauchzehen, zerdrückt
2 EL schwarze Bohnensauce
1 TL Speisestärke
2 TL Sesamöl
2 EL helle Sojasauce

2 TL Zucker
2 EL Reiswein
1 dünne Porreestange, in Streifen
1 kleine rote Paprika, entkernt
und in dünnen Streifen
Porree, in Streifen geschnitten,
zum Garnieren

Zitronenspalten, zum Garnieren
Reis oder Nudeln, gekocht,
zum Servieren

1 Den Fisch innen und außen unter fließend kaltem Wasser abspülen, mit Küchenpapier trockentupfen, von beiden Seiten mit einem scharfen Messer dreimal diagonal einschneiden und mit Knoblauch einreiben.

2 Bohnensauce, Stärke, Sesamöl, Sojasauce, Zucker und Reiswein in einer Schüssel verrühren. Den Fisch in eine flache Auflaufform legen und mit der Bohnensaucenmischung übergießen.

3 Porree und Paprika über den Fisch streuen. Den Fisch in einen Dämpfeinsatz geben und etwa 10 Minuten über Wasserdampf dünsten, bis er gar ist.

4 Den fertigen Fisch auf einem Servierteller anrichten, mit Porreestreifen und Zitronenspalten garnieren und mit Reis oder Nudeln servieren.

VARIATION

Statt Schnapper können Sie auch jeden anderen Seefisch von ähnlicher Größe verwenden.

TIPP

Für die Garprobe die Spitze eines scharfen Messers in den Fisch stechen. Dringt sie leicht ein, ist der Fisch gar.

Gedämpfter Schnapper mit Frucht-Ingwer-Füllung

Für 4 Personen

ZUTATEN

1,4 kg Schnapper oder Brasse,
    gereinigt und geschuppt
180 g Spinat

FÜLLUNG:
60 g Langkornreis, gekocht
1 TL frisch geriebener Ingwer

2 Frühlingszwiebeln, in dünne
    Ringe geschnitten
2 TL helle Sojasauce
1 TL Sesamöl
½ TL gemahlener Sternanis
1 Orange, geschält und
    zerkleinert

GARNIERUNG:
Orangenspalten
Frühlingszwiebeln, in Streifen

1 Den Fisch innen und außen gründlich unter fließend kaltem Wasser waschen, dann mit Küchenpapier trockentupfen. Den Spinat 40 Sekunden blanchieren, kalt abspülen, abtropfen lassen und gut ausdrücken. Mit dem Spinat einen hitzebeständigen Teller auslegen und den Fisch darauf platzieren.

2 Für die Füllung den gekochten Reis in einer Schüssel mit Ingwer, Frühlingszwiebeln, Sojasauce, Sesamöl, Sternanis und Orangenstückchen vermischen.

3 Die Füllung mit einem Löffel in die Bauchhöhle des Fischs füllen und dabei gut andrücken.

4 Den Fisch auf dem abgedeckten Teller 10 Minuten in einem Dämpfeinsatz garen. Den fertigen Fisch auf eine vorgewärmte Platte legen und mit Orangen-spalten und Frühlingszwiebeln garnieren. Sofort servieren.

TIPP

Zur Familie der Schnapper gehören unterschiedlich gefärbte Fische aus subtropischen und tropischen Gewässern. Es gibt rote, rosa- und orangefarbene, graue oder blau-grüne Varianten, manche sind gestreift oder gepunktet.

Forelle mit Ananas

Für 4 Personen

ZUTATEN		
4 Forellenfilets	1 Selleriestaude, in Scheiben	
2 EL Öl	geschnitten	GARNIERUNG:
2 Knoblauchzehen, in dünne	1 EL helle Sojasauce	Sellerieblätter, fein gehackt
Scheiben geschnitten	50 ml frischer oder ungesüßter	1 rote Chilischote, in Ringe
4 Scheiben frische Ananas,	Ananassaft	geschnitten
geschält und gewürfelt	150 ml Fischfond	
	1 TL Speisestärke	
	2 TL Wasser	

1 Die Forellenfilets in Streifen schneiden. 1 Esslöffel Öl im vorgewärmten Wok erhitzen, bis es zu rauchen beginnt. Die Hitze leicht reduzieren, die Fischstreifen zugeben und 2 Minuten scharf anbraten. Dann aus dem Wok nehmen und beiseite stellen.

2 Das restliche Öl in den Wok geben. Die Hitze reduzieren, Knoblauch, Ananas und Sellerie zugeben und unter Rühren 1–2 Minuten anbraten.

3 Sojasauce, Ananassaft und Fischfond zugeben. Aufkochen und unter ständigem Rühren 2–3 Minuten kochen, bis die Sauce etwas reduziert ist.

4 Stärke und Wasser glatt rühren und in den Wok gießen. Alles unter Rühren kurz aufkochen, bis die Sauce eindickt.

5 Den Fisch in den Wok zurückgeben und unter behutsamem Rühren erneut aufwärmen. Das fertige Gericht auf vorgewärmte Teller verteilen, mit Sellerieblättern und Chiliringen garnieren und sofort servieren.

TIPP

Statt frischer Ananas können Sie auch ungezuckerte Früchte aus der Dose verwenden.

Rotbarbe mit Ingwer

Für 4 Personen

ZUTATEN

1 ganze Rotbarbe, gewaschen
   und geschuppt
Salz und Pfeffer
2 Frühlingszwiebeln, gehackt
1 TL frisch geriebener Ingwer
125 ml Knoblauchessig

125 ml helle Sojasauce
3 TL Zucker
1 Spritzer Chilisauce
125 ml Fischfond
1 grüne Paprika, entkernt und in
   Streifen geschnitten

1 große Tomate, gehäutet,
   entkernt und in Streifen
   geschnitten
Tomatenscheiben,
   zum Garnieren

1 Den Fisch innen und außen gut waschen und gründlich mit Küchenpapier trockentupfen.

2 Von beiden Seiten dreimal diagonal einschneiden. Dann innen und außen mit Salz und Pfeffer würzen.

3 Den Fisch in eine Auflaufform legen und mit Frühlingszwiebeln und Ingwer bestreuen. Abdecken und 10 Minuten dämpfen, bis der Fisch gar ist.

4 Essig, Sojasauce, Zucker, Chilisauce, Fischfond, Paprika und Tomate in einen Topf geben, unter gelegent-lichem Rühren zum Kochen bringen und so lange kochen, bis die Flüssigkeit etwas reduziert ist und die Sauce eindickt.

5 Den fertig gegarten Fisch auf einen vorgewärmten Servierteller legen, mit der Sauce übergießen, mit Tomatenscheiben garnieren und sofort servieren.

TIPP

Wenn Sie Fischfilets verwenden, reduziert sich die Garzeit auf 5–7 Minuten.

Fisch nach Szechuan-Art

Für 4 Personen

ZUTATEN

350 g Filetstücke von einem weißen Fisch	geraspelt	180 ml Fischfond
1 kleines Ei, verquirlt	1 Zwiebel, fein gehackt	1 TL Zucker
3 EL Mehl	1 Selleriestange, klein geschnitten	1 TL Speisestärke
4 EL trockener Weißwein	1 frische rote Chilischote, gehackt	2 TL Wasser
3 EL helle Sojasauce		Chilischote, fein gehackt, und
Öl, zum Frittieren	3 Frühlingszwiebeln, in Ringen	Sellerieblätter, zum Garnieren
1 Knoblauchzehe, in dünnen Scheiben	1 TL Reisessig	(nach Geschmack)
1-cm-Stück Ingwerwurzel, fein	½ TL gemahlener Szechuan-Pfeffer	

1 Den Fisch in 4 cm große Würfel schneiden.

2 In einer Schüssel Ei, Mehl, Wein und 1 Esslöffel Sojasauce zu einem glatten Teig verrühren.

3 Die Fischwürfel in den Teig geben und gut darin wenden.

4 Im vorgewärmten Wok das Öl fast bis zum Rauchen erhitzen. Die Hitze reduzieren und den Fisch portionsweise 2–3 Minuten frittieren. Auf Küchenpapier abtropfen lassen.

5 Das Öl bis auf 1 Esslöffel aus dem Wok abgießen. Knoblauch, Ingwer, Zwiebel, Sellerie, Chilischote und Frühlingszwiebeln 1–2 Minuten darin pfannenrühren.

6 Restliche Sojasauce und Essig unterrühren.

7 Szechuan-Pfeffer, Fischfond und Zucker in den Wok geben. Die Speisestärke mit dem Wasser vermischen, zugießen und einrühren. Unter ständigem Rühren alles 1 Minute aufkochen, bis die Sauce eindickt.

8 Den Fisch zum Aufwärmen zufügen und 1–2 Minuten mitkochen. Auf einer Servierplatte anrichten.

Knuspriger Fisch

Für 4 Personen

ZUTATEN

450 g Filetstücke von einem
    weißen Fisch

TEIG:
60 g Mehl
1 Ei, getrennt
1 EL Erdnussöl
4 EL Milch

Öl, zum Frittieren

SAUCE:
1 frische rote Chilischote,
    gehackt
2 Knoblauchzehen, zerdrückt
1 Prise Chilipulver
3 EL Tomatenmark

1 EL Reisessig
2 EL dunkle Sojasauce
2 EL chinesischer Reiswein
2 EL Wasser
1 Prise Zucker

1 Den Fisch in 2,5 cm große Würfel schneiden und beiseite stellen. Das Mehl für den Teig in eine Schüssel sieben. In der Mitte eine kleine Mulde formen. Eigelb und Öl hineingeben. Die Milch einrühren und alles zu einem geschmeidigen Teig verarbeiten. 20 Minuten ruhen lassen.

2 Das Eiweiß steif schlagen und unter den Teig ziehen. Das Öl im Wok erhitzen. Den Fisch kurz in den Teig tauchen und portionsweise 8–10 Minuten frittieren. Die Fischstücke mit einem Schaumlöffel herausnehmen und warm stellen.

3 Bis auf 1 Esslöffel alles Öl aus dem Wok abgießen und wieder erhitzen. Für die Sauce Chilischote, Knoblauch, Chilipulver, Tomatenmark, Reisessig, Sojasauce, Reiswein, Wasser und Zucker im Wok 3–4 Minuten unter Rühren kochen.

4 Den Fisch wieder in den Wok geben. Vorsichtig rühren, bis der Fisch mit Sauce überzogen und aufgewärmt ist. Die Fischwürfel mit der Sauce in einer Schüssel servieren.

TIPP

Das heiße Öl aus dem Wok vorsichtig in ein hitzebeständiges Gefäß abgießen.

Meeresfrüchte-Pfanne

Für 4 Personen

ZUTATEN

2 EL trockener Weißwein
1 Eiweiß, leicht verquirlt
½ TL Fünf-Gewürze-Pulver
1 TL Speisestärke
300 g Garnelen, geschält und
   Darmfäden entfernt

125 g gebrauchsfertiger
   Tintenfisch, in Ringen
125 g weißes Fischfilet, in
   Streifen geschnitten
Öl, zum Frittieren

1 grüne Paprika, entkernt und in
   schmale Streifen geschnitten
1 Karotte, in dünne Stifte
   geschnitten
4 Babymaiskolben, längs halbiert

1 Wein, Eiweiß, Fünf-Gewürze-Pulver und Speisestärke in einer großen Schüssel mischen. Garnelen, Tintenfischringe und Fischstücke zugeben und gleichmäßig mit der Stärkemischung bedecken. Dann mit einem Schaumlöffel aus der Schüssel nehmen. Die restliche Stärke aufbewahren.

2 Das Öl in einem vorgewärmten Wok erhitzen. Meeresfrüchte und Fischwürfel 2–3 Minuten darin frittieren. Dann aus dem Wok nehmen und beiseite stellen.

3 Das Öl bis auf 1 Esslöffel aus dem Wok abgießen. Den Wok auf den Herd zurückstellen, Paprika, Karotte und Mais zugeben und 4–5 Minuten unter Rühren dünsten.

4 Fisch und Meeresfrüchte wieder in den Wok geben. Die restliche Stärke zugeben und das Gericht unter Rühren kurz aufkochen. Sofort servieren.

TIPP

Die Tintenfischringe sind dekorativer, wenn man sie mit einem Messer aufschneidet und kreuzweise einritzt.

Garnelenpfanne mit Cashewkernen

Für 4 Personen

ZUTATEN

2 Knoblauchzehen, zerdrückt

1 EL Speisestärke

1 Prise Zucker

450 g Riesengarnelen

4 EL Öl

1 Porreestange, in Ringen

125 g Brokkoli, in Röschen
zerteilt

1 orangefarbene Paprika,
entkernt und gewürfelt

SAUCE:

180 ml Fischfond

1 EL Speisestärke

1 Spritzer Chilisauce

2 TL Sesamöl

1 EL chinesischer Reiswein

80 g ungesalzene Cashewkerne

1 Knoblauch, Speisestärke und Zucker in einer Schüssel mischen. Die Garnelen schälen und säubern und in der Stärkemischung wenden.

2 Das Öl in einem vorgewärmten Wok erhitzen, die Garnelen zugeben und bei starker Hitze etwa 20–30 Sekunden unter ständigem Rühren anbraten, bis sich rosa färben. Dann sofort mit einem Schaumlöffel aus dem Wok nehmen. Beiseite stellen.

3 Porree, Brokkoli und Paprika in den Wok geben und 2 Minuten unter Rühren braten.

4 Für die Sauce Fischfond, Speisestärke, Chilisauce, Sesamöl und Reiswein verrühren. Die Mischung mit den Cashewkernen in den Wok geben. Die Garnelen zufügen und alles 1 Minute kräftig kochen, bis die Zutaten gut erhitzt sind. Anschließend auf vorgewärmten Serviertellern anrichten und heiß servieren.

VARIATION

Für dieses Rezept können Sie statt der Garnelen auch Geflügel-, Rind- oder Schweinefleisch verwenden. Dabei die Menge auf 220 g Fleisch reduzieren.

Garnelen Fu Yung

Für 4 Personen

ZUTATEN

2 EL Öl
1 Karotte, geraspelt
5 Eier, verquirlt
220 g Garnelen, geschält

1 EL helle Sojasauce
1 Prise Fünf-Gewürze-Pulver
2 Frühlingszwiebeln, gehackt

2 TL Sesamsaat
1 TL Sesamöl

1 Das Öl im vorgewärmten Wok erhitzen.

2 Die Karotte zugeben und unter Rühren 1–2 Minuten anbraten.

3 Die Karotte zur Seite schieben und die Eier 1–2 Minuten im Wok unter leichtem Rühren braten.

4 Garnelen, Sojasauce und Fünf-Gewürze-Pulver zugeben. Alles weitere 2–3 Minuten pfannenrühren, bis die Garnelen sich rosa färben und die Mischung fast trocken ist.

5 Auf vorgewärmte Teller verteilen, mit Frühlingszwiebeln und Sesam bestreuen, mit Sesamöl beträufeln und sofort servieren.

VARIATION

Für ein Hauptgericht können Sie in Schritt 4 220 g gekochten Langkornreis mit kleinen Garnelen zufügen. Eventuell etwas mehr Sojasauce, Fünf-Gewürze-Pulver und Sesamöl zugeben.

TIPP

Vorgegarte Garnelen werden erst kurz vor Ende der Garzeit zugegeben. Achten Sie darauf, dass sie ganz vom Ei überzogen sind. Sie müssen nur kurz erwärmt werden. Brät man sie zu lange, werden sie zäh und fade.

Garnelen nach Kanton-Art

Für 4 Personen

ZUTATEN

5 EL Öl

4 Knoblauchzehen, zerdrückt

700 g Garnelen, geschält und
    Darmfäden entfernt

5-cm-Stück Ingwerwurzel,
    gehackt

180 g mageres Schweinefleisch,
    gewürfelt

1 Porreestange, in Ringen

SAUCE:

2 EL Reiswein

2 EL helle Sojasauce

2 TL Zucker

150 ml Fischfond

4½ TL Speisestärke

3 EL Wasser

3 Eier, verquirlt

GARNIERUNG:

Porree, in dünne Streifen
    geschnitten

Paprika, in dünne Streifen
    geschnitten

1 Zwei Esslöffel Öl in einem vorgewärmten Wok erhitzen. Den Knoblauch 30 Sekunden darin anbraten. Die Garnelen zufügen und 5 Minuten unter Rühren braten, bis sie sich rosa färben. Dann mit einem Schaumlöffel aus dem Wok nehmen, beiseite stellen und warm halten.

2 Das restliche Öl im Wok erhitzen. Ingwer, Schweinefleisch und Porree zugeben. Die Zutaten bei mittlerer Hitze 4–5 Minuten anbraten, bis das Fleisch leicht gebräunt ist.

3 Reiswein, Sojasauce, Zucker und Fischfond zugießen. Die Speisestärke mit dem Wasser glatt rühren und in den Wok gießen. Alles unter Rühren kurz aufkochen, bis die Sauce eindickt.

4 Die Garnelen in den Wok zurückgeben und die Eier zufügen. Alles 5–6 Minuten kochen. Dabei gelegentlich umrühren. Auf vorgewärmte Teller verteilen, mit Porree- und Paprikastreifen garnieren und sofort servieren.

TIPP

*Reiswein kann durch
Sherry ersetzt werden.*

Tintenfisch mit Austernsauce

Für 4 Personen

ZUTATEN

450 g Tintenfisch, geputzt	150 ml Öl	5 EL Fischfond, erhitzt
	60 g Zuckererbsen	rote Paprika, in Streifen
SAUCE:	1-cm-Stück Ingwerwurzel,	geschnitten, zum Garnieren
1 EL Austernsauce	gerieben	
1 EL leichte Sojasauce		
1 Knoblauchzehe, zerdrückt		
1 Prise Zucker		

1 Den Körper des Tintenfischs längs aufschneiden und flach auf ein Brett legen, sodass die Innenseite nach oben zeigt. Ein Gittermuster ins Fleisch schneiden.

2 Für die Sauce Austernsauce, Sojasauce, Knoblauch und Zucker gut verrühren.

3 Das Öl im vorgewärmten Wok stark erhitzen. Die Hitze leicht reduzieren, den Tintenfisch zugeben und unter Rühren so lange braten, bis sich die einzelnen Stücke an den Seiten leicht nach oben wellen. Dann aus dem Wok nehmen und auf Küchenpapier abtropfen lassen.

4 Das Öl bis auf 2 Esslöffel aus dem Wok abgießen. Den Wok auf den Herd zurückstellen, Zuckererbsen und Ingwer zugeben und 1 Minute unter Rühren braten.

5 Den Tintenfisch in den Wok zurückgeben, Sauce und Fischfond zugießen und 3 Minuten köcheln.

6 Das fertige Gericht in vorgewärmte Schalen füllen und mit Paprikastreifen garnieren. Sofort servieren.

TIPP

Der Tintenfisch darf nicht zu lange gebraten werden, weil er sonst zäh wird.

Jakobsmuscheln in Ingwersauce

Für 4 Personen

ZUTATEN

2 EL Öl

450 g Jakobsmuscheln, geputzt und halbiert

2,5-cm-Stück Ingwerwurzel, fein gehackt

3 Knoblauchzehen, zerdrückt

2 Porreestangen, in dünne

Streifen geschnitten

80 g frische Erbsen

125 g Bambussprossen aus der Dose, abgetropft

2 EL helle Sojasauce

2 EL ungesüßter Orangensaft

1 TL Zucker

Orangenzesten, zum Garnieren

---

1 Das Öl in einem Wok erhitzen und die Muscheln darin 1–2 Minuten unter Rühren braten. Aus dem Wok nehmen.

2 Ingwer und Knoblauch zugeben und 30 Sekunden unter Rühren anbraten. Dann Porree und Erbsen zufügen und unter Rühren 2 Minuten braten.

3 Die Bambussprossen zugeben, die Muscheln in den Wok zurückgeben. Alles mischen, ohne die Muscheln zu beschädigen.

4 Sojasauce, Orangensaft und Zucker zufügen. 1–2 Minuten köcheln. Auf vorgewärmte Schalen verteilen und garnieren.

TIPP

Der essbare Teil der Jakobsmuscheln ist der runde, weiße Muskel und der orangefarbene Rogen. Der krause Rand des Muskels kann zur Herstellung von Brühen verwendet werden. Alles andere wegwerfen.

TIPP

Sie können hier auch tiefgefrorene Muscheln verwenden. Sie werden aufgetaut und erst am Ende der Garzeit zugegeben, damit sie nicht zerfallen. Wenn Sie geschälte Muscheln kaufen, fragen Sie nach, ob sie frisch oder aufgetaut sind. Frische Muscheln sind cremefarben, aufgetaute sind meist ganz weiß.

Krebse in Ingwersauce

Für 4 Personen

ZUTATEN

2 kleine Taschenkrebse, gekocht

2 EL Öl

9-cm-Stück Ingwerwurzel, gerieben

2 Knoblauchzehen, in dünne Scheiben geschnitten

1 grüne Paprika, entkernt und in

dünne Streifen geschnitten

6 Frühlingszwiebeln, in 2,5 cm lange Stücke geschnitten

2 EL Reiswein

½ TL Sesamöl

150 ml Fischfond

1 TL brauner Zucker

2 TL Speisestärke

150 ml Wasser

1 Die Krebse waschen und den oberen Panzer leicht anheben. Das graue Fleisch mit einem scharfen Messer ablösen und wegwerfen. Die Krebse noch einmal waschen.

2 Die Beine und Scheren der Krebse abdrehen. Mit einer Krebszange oder einem Nussknacker die Scheren öffnen, sodass das Fleisch sichtbar wird. Lose Schalenstücke entfernen.

3 Den Panzer öffnen, die ungenießbare Lunge und die Innereien entfernen. Den Körper erst längs, dann quer halbieren.

4 Das Öl in einem vorgewärmten Wok erhitzen. Ingwer und Knoblauch zugeben und 1 Minute unter Rühren anbraten. Dann die Krebsstücke zugeben und alles noch 1 Minute braten.

5 Paprika, Frühlingszwiebeln, Reiswein, Sesamöl, Fischfond und Zucker zugeben. Alles kräftig aufkochen, dann die Hitze reduzieren, den Wok abdecken und den Inhalt 3–4 Minuten köcheln.

6 Speisestärke und Wasser glatt rühren und in den Wok gießen. Alles unter Rühren kurz aufkochen. Sofort servieren.

TIPP

Alternativ das Krebsfleisch vor dem Garen aus dem Panzer lösen. Dann erst bei Schritt 5 zugeben.

Chilihähnchen

Für 4 Personen

ZUTATEN

350 g Hähnchenbrustfilet	1-cm-Stück Ingwerwurzel,	2 frische rote Chilischoten,
½ TL Salz	gerieben	gehackt
1 Eiweiß, leicht verquirlt	1 rote Paprika, entkernt und	2 EL helle Sojasauce
2 EL Speisestärke	gewürfelt	1 EL Reiswein oder trockener
4 EL Öl	1 grüne Paprika, entkernt und	Sherry
2 Knoblauchzehen, zerdrückt	gewürfelt	1 EL Reisessig

1 Das Fleisch würfeln und in eine Schüssel geben. Salz, Eiweiß, Speisestärke und 1 Esslöffel Öl zugeben und gut mit dem Fleisch vermengen.

2 Das restliche Öl in einem vorgewärmten Wok erhitzen. Knoblauch und Ingwer darin 30 Sekunden anbraten.

3 Die Fleischstücke zufügen und 2–3 Minuten pfannenrühren, bis sie gebräunt sind.

4 Paprika, Chilischoten, Sojasauce, Reiswein und Essig zufügen und alles 2–3 Minuten kochen, bis das Fleisch gar ist. In eine Servierschüssel füllen und sofort servieren.

VARIATION

Statt der Hähnchenbrustfilets können Sie 350 g mageres Rindfleisch oder 450 g Hummerkrabben verwenden.

TIPP

Ziehen Sie beim Hacken von Chilischoten Gummihandschuhe an. Der Saft der Schoten kann Hautreizungen verursachen. Berühren Sie nicht das Gesicht, ehe Sie sich die Hände gewaschen haben.

Zitronenhähnchen

Für 4 Personen

ZUTATEN

Öl, zum Frittieren	SAUCE:	Zitronen, in Scheiben
650 g Hähnchenbrustfilet,	1 EL Speisestärke	geschnitten
in Streifen geschnitten	6 EL kaltes Wasser	Frühlingszwiebeln, gehackt
	3 EL frischer Zitronensaft	
	2 EL Mirin oder süßer Sherry	
	½ TL Zucker	
	GARNIERUNG:	

1 Das Öl in einem Wok erhitzen, bis es zu rauchen beginnt. Dann die Hitze reduzieren und das Fleisch 3–4 Minuten unter Rühren frittieren, bis es gar ist. Das Fleisch mit einem Schaumlöffel aus dem Öl nehmen und warm halten. Das Öl aus dem Wok gießen.

2 Für die Sauce die Speisestärke mit 2 Esslöffeln Wasser glatt rühren.

3 Zitronensaft und restliches Wasser in den Wok geben. Mirin und Zucker zugeben und unter Rühren auflösen.

4 Die angerührte Speisestärke zugießen und alles erneut aufkochen. Dann die Hitze reduzieren und die Sauce unter Rühren eindicken.

5 Das Fleisch auf vorgewärmte Teller verteilen und mit der Sauce übergießen. Mit Zitronenscheiben und Frühlingszwiebeln garnieren und sofort servieren.

TIPP

Wenn Sie größere Fleischstücke bevorzugen, können Sie diese abgedeckt bei geringer Hitze etwa 30 Minuten im heißen Öl garen.

Geschmortes Hähnchen

Für 4 Personen

ZUTATEN

1,5 kg Hähnchen	2 Knoblauchzehen, zerdrückt
3 EL Öl	1 kleine Zwiebel, gehackt
1 EL Erdnussöl	1 frische rote Chilischote,
2 EL brauner Zucker	gehackt
5 EL dunkle Sojasauce	Sellerieblätter und Schnittlauch,
150 ml Wasser	zum Garnieren

1 Das Hähnchen gründlich waschen.

2 Erst die Öle, dann den Zucker in den Wok geben und langsam erhitzen, bis der Zucker karamellisert. Die Sojasauce einrühren. Das Hähnchen in den Wok geben. Mehrfach darin wenden, damit es rundum von der Sojamischung überzogen ist.

3 Wasser, Knoblauch, Zwiebel und Chilischote zufügen. Das Hähnchen abgedeckt 1 Stunde köcheln, bis es gar ist, dabei gelegentlich wenden. Zur Garprobe mit der Messerspitze in die Keule stechen: Tritt klarer Bratensaft aus, ist das Hähnchen gar.

4 Das Hähnchen auf einer Servierplatte anrichten und garnieren. Die Sauce bei starker Hitze einkochen und mit dem Hähnchen servieren.

TIPP

Bei zu hoher Temperatur karamellisiert der Zucker zu schnell und verbrennt.

VARIATION

Für eine würzigere Sauce in Schritt 3 zusätzlich 1 EL gehackten Ingwer und 1 EL gemahlene Szechuan-Pfefferkörner zugeben. Der Geschmack der dunklen Sojasauce kann durch helle Sojasauce gemildert werden. Dazu 2 EL dunkle mit 3 EL heller Sojasauce mischen. Die schöne Farbe des Gerichts bleibt erhalten.

Hähnchen mit Cashewkernen & Gemüse

Für 4 Personen

ZUTATEN		
300 g Hähnchenbrustfilet	80 g ungesalzene Cashewkerne	SAUCE:
1 EL Speisestärke	25 g Zuckererbsen	2 TL Speisestärke
1 TL helle Sojasauce	1 Selleriestange, in Scheiben	2 EL Hoisin-Sauce
1 EL Hoisin-Sauce	1 Zwiebel, geachtelt	200 ml Hühnerbrühe
1 TL Sesamöl	60 g Bohnensprossen	
3 Knoblauchzehen, zerdrückt	1 rote Paprika, entkernt und	
2 EL Öl	gewürfelt	

1 Das Hähnchenfleisch in schmale Streifen schneiden und in eine große Schüssel legen. Die Speisestärke zugeben und durch Schwenken der Schüssel gleichmäßig über das Fleisch verteilen. Soja- und Hoisin-Sauce sowie Sesamöl mit 1 Knoblauchzehe vermischen und über das Fleisch geben. Gut unterheben. 20 Minuten marinieren.

2 Einen Esslöffel Öl im vorgewärmten Wok erhitzen. Die Cashewkerne unter Rühren 1 Minute bräunen. Zuckererbsen, Sellerie, restlichen Knoblauch, Zwiebel, Bohnensprossen und Paprika zugeben und 2–3 Minuten anbraten. Alles herausnehmen und warm stellen.

3 Das restliche Öl im Wok erhitzen. Das Hähnchenfleisch aus der Marinade nehmen und im Wok 3–4 Minuten scharf anbraten. Das Gemüse wieder zugeben.

4 Für die Sauce Speisestärke, Hoisin-Sauce und Hühnerbrühe glatt rühren, zum Fleisch in den Wok geben und unter Rühren aufkochen, bis die Sauce eindickt. Heiß servieren.

Hähnchen Chop Suey

Für 4 Personen

ZUTATEN

4 EL helle Sojasauce	2 Zwiebeln, geviertelt	1 EL Speisestärke
2 TL brauner Zucker	2 Knoblauchzehen, zerdrückt	3 EL Wasser
500 g Hähnchenbrustfilet	350 g Bohnensprossen	425 ml Hühnerbrühe
3 EL Öl	3 TL Sesamöl	etwas Porree, in dünne Streifen geschnitten

1 Sojasauce und Zucker verrühren, bis der Zucker aufgelöst ist.

2 Das Fleisch von Fettrückständen befreien. Dann in dünne Streifen schneiden, in eine flache Glasschale geben und mit der Sojamischung übergießen. Gut darin wenden und 20 Minuten im Kühlschrank marinieren.

3 Das Öl in einem vorgewärmten Wok erhitzen. Das Fleisch zugeben und unter Rühren 2–3 Minuten goldbraun braten.

4 Die Zwiebelviertel und den Knoblauch zugeben und weitere 2 Minuten braten. Die Bohnensprossen zufügen und 4–5 Minuten mitgaren, dann das Sesamöl zufügen.

5 Die Speisestärke mit dem Wasser glatt rühren. Die Brühe zusammen mit der angerührten Speisestärke in den Wok gießen und unter Rühren aufkochen, bis die Sauce eindickt. Das fertige Gericht in eine vorgewärmte Servierschüssel geben, mit Porreestreifen garnieren und sofort servieren.

VARIATION

Sie können auch mageres Rindfleisch, Schweinefleisch oder gemischtes Gemüse mit der entsprechenden Brühe verwenden.

Hähnchen mit gelber Bohnensauce

Für 4 Personen

ZUTATEN

450 g Hähnchenbrustfilet	1 TL Zucker	1 grüne Paprika, entkernt und
1 EL Speisestärke	3 EL Öl	gewürfelt
1 Eiweiß, verquirlt	1 Knoblauchzehe, zerdrückt	2 große Pilze, in Scheiben
1 EL Reisessig	1-cm-Stück Ingwerwurzel,	3 EL gelbe Bohnensauce
1 EL helle Sojasauce	geraspelt	gelbe oder grüne Paprikastreifen,
		zum Garnieren

1 Das Hähnchenfleisch in 2,5 cm große Würfel schneiden.

2 In einer flachen Schale die Speisestärke unter das Eiweiß ziehen. Das Fleisch zugeben und gut mit der Eiweißmischung verrühren. Für 20 Minuten beiseite stellen.

3 Essig, Sojasauce und Zucker vermischen.

4 Das Fleisch aus der Eiweißmischung heben.

5 Das Öl im vorgewärmten Wok erhitzen und die Hähnchenstücke darin 3–4 Minuten unter Rühren goldbraun braten. Herausnehmen und warm halten.

6 Knoblauch, Ingwer, Paprika und Pilze in den Wok geben und 1–2 Minuten anbraten.

7 Die gelbe Bohnensauce einrühren und alles noch 1 Minute anbraten. Die Essigmischung zugießen und das Fleisch zurück in den Wok geben. Weitere 1–2 Minuten garen, dann mit Paprikastreifen garnieren und servieren.

VARIATION

Dieses Rezept schmeckt auch mit schwarzer Bohnensauce sehr gut. Allerdings verändert sich das Erscheinungsbild, das Gericht nimmt eine dunklere Farbe an.

Knuspriges Hähnchen

Für 4 Personen

ZUTATEN

1,5 kg Hähnchen	2 TL Fünf-Gewürze-Pulver	850 ml Öl, zum Frittieren
2 EL Honig	2 EL Reisessig	Chilisauce, als Dip

1 Das Hähnchen innen und außen gründlich unter fließend kaltem Wasser waschen und mit Küchenpapier trockentupfen.

2 In einem großen Topf Wasser aufkochen und vom Herd nehmen. Das Hähnchen hineinlegen und abgedeckt 20 Minuten ziehen lassen. Dann das Hähnchen herausnehmen, abtrocknen und über Nacht kalt stellen.

3 Für die Glasur Honig, Fünf-Gewürze-Pulver und Reisessig in einer kleinen Schüssel mischen.

4 Das Hähnchen rundum mit der Glasur einpinseln und 20 Minuten in den Kühlschrank stellen. Diesen Vorgang so oft wiederholen, bis die Glasur aufgebraucht ist. Dann das Hähnchen nochmals mindestens 2 Stunden kalt stellen.

5 Mit einem Küchenbeil oder einem scharfen Messer das Hähnchen entlang der Brust halbieren. Die Hälften jeweils in 4 Stücke teilen.

6 Das Frittieröl fast bis zum Rauchen erhitzen. Die Hitze reduzieren, jedes Hähnchenteil 5–7 Minuten goldgelb frittieren. Mit einem Schaumlöffel aus dem Öl nehmen und auf Küchenpapier abtropfen lassen.

7 Auf einer Servierplatte anrichten und heiß mit etwas Chilisauce servieren.

TIPP

Man kann für dieses Gericht auch nur Hähnchenkeulen oder andere Hähnchenteile verwenden.

Pikantes Erdnusshähnchen

Für 4 Personen

ZUTATEN

300 g Hähnchenbrustfilet	1 EL chinesischer Reiswein oder	2 Knoblauchzehen, zerdrückt
2 EL Erdnussöl	trockener Sherry	1 TL frisch geriebener Ingwer
125 g Erdnüsse	1 EL helle Sojasauce	1 TL Reisessig
1 frische rote Chilischote, in	1½ TL brauner Zucker	1 TL Sesamöl
Ringe geschnitten		gebratener Reis, zum Servieren
1 grüne Paprika, entkernt und in		
Streifen geschnitten		
SAUCE:		
150 ml Hühnerbrühe		

1 Das Fleisch in 2,5 cm große Würfel schneiden und beiseite stellen.

2 Das Erdnussöl in einem vorgewärmten Wok erhitzen. Die Erdnüsse zufügen und unter Rühren 1 Minute anrösten. Aus dem Wok nehmen.

3 Das Fleisch in den Wok geben. 1–2 Minuten unter Rühren anbraten. Chilischote und Paprika zufügen und 1 Minute mit-braten. Dann das Gemüse aus dem Wok nehmen.

4 Die Hälfte der Erdnüsse in einer Küchenmaschine oder mit einem Nudel-holz zerkleinern.

5 Für die Sauce Hühner-brühe, Reiswein oder Sherry, Sojasauce, Zucker, Knoblauch, Ingwer und Essig in den Wok geben.

6 Die Sauce erhitzen, aber nicht aufkochen. Alle Erdnüsse, Fleisch, Chili-schote und Paprika zufügen. Mit Sesamöl beträufeln, erneut 1 Minute erhitzen und servieren.

TIPP

Die Erdnüsse lassen sich in der Küchenmaschine besser zerkleinern, wenn man etwas Brühe zugibt.

Chinesischer Geflügelsalat

Für 4 Personen

ZUTATEN

220 g Hähnchenbrustfilet	dünne Streifen geschnitten	1 EL helle Sojasauce
2 TL helle Sojasauce	3 Babymaiskolben, in Scheiben	1 Spritzer Chili-Öl
1 TL Sesamöl		
1 TL Sesamsaat	DRESSING:	GARNIERUNG:
2 EL Öl	2 TL Reisessig	frisch gehackter Schnittlauch
125 g Bohnensprossen		Karotten, in Stiften
1 Karotte, in Stiften		
1 rote Paprika, entkernt und in		

1 Das Fleisch in eine flache Glasschüssel legen.

2 Sojasauce und Sesamöl mischen und über das Fleisch geben. Das Fleisch mit der Sesamsaat bestreuen und 20 Minuten marinieren.

3 Das Fleisch aus der Marinade nehmen und in Scheiben schneiden.

4 Das Öl in einem vorgewärmten Wok erhitzen. Das Fleisch zugeben und unter Rühren 4–5 Minuten braten, bis es gar und gebräunt ist. Dann aus dem Wok nehmen, beiseite stellen und abkühlen lassen.

5 Bohnensprossen, Karotte, Paprika und Mais in den Wok geben und unter Rühren 2–3 Minuten braten. Aus dem Wok nehmen, beiseite stellen und abkühlen lassen.

6 Für das Dressing Reisessig, Sojasauce und Chili-Öl vermengen.

7 Das Fleisch mit dem Gemüse auf Teller verteilen. Mit dem Dressing beträufeln, garnieren und servieren.

TIPP

Den mit Dressing beträufelten Salat 30 Minuten ziehen lassen, dann entfalten sich die Aromen besser.

Peking-Ente

Für 4 Personen

ZUTATEN

1,8 kg Ente	SAUCE:	Karottenstifte, zum Garnieren
1,75 l kochendes Wasser	2 EL Sesamöl	chinesische Pfannkuchen,
4 EL Honig	125 ml Hoisin-Sauce	Gurkenstifte und
2 TL dunkle Sojasauce	125 g Zucker	Frühlingszwiebeln, zum
	125 ml Wasser	Servieren

1 Die Ente auf einen Brat-rost mit untergestellter Saftpfanne legen und mit 1,2 Litern kochendem Wasser übergießen, dabei drehen, damit die gesamte Haut ver-brüht. Die Ente vom Rost nehmen und das Wasser weggießen. Die Ente tro-ckentupfen und auf dem Rost für mehrere Stunden ruhen lassen.

2 Das restliche kochende Wasser, den Honig und die Sojasauce zu einer Glasur verrühren. Die Ente innen und außen damit bestrei-chen. Die Glasur etwa

1 Stunde antrocknen lassen, die restliche Glasur aufbe-wahren.

3 Den Glasurvorgang so oft wiederholen, bis die Glasur aufgebraucht ist.

4 Für die Sauce das Öl erhitzen, Hoisin-Sauce, Zucker und Wasser zufügen. 2–3 Minuten köcheln, bis die Sauce eindickt. Kalt stellen.

5 Den Backofen auf 190 °C vorheizen. Die Ente im Ofen 30 Minuten braten. Umdrehen und 20 Minuten weiterrösten.

Erneut wenden und noch 20–30 Minuten braten, bis sie gar und knusprig ist.

6 Die Ente aus dem Ofen nehmen und 10 Mi-nuten ruhen lassen. Unter-dessen die Pfannkuchen über Wasserdampf 5–7 Minuten erwärmen. Die Ente mit der Haut in Strei-fen schneiden, mit Karottenstiften garnieren und mit Pfannkuchen, Sauce, Gurkenstiften und Frühlingszwiebeln garnieren und servieren.

Ente in würziger Sauce

Für 4 Personen

ZUTATEN

1 EL Öl	125 g Blumenkohl, in Röschen	1 TL Fünf-Gewürze-Pulver
1 TL frisch geriebener Ingwer	zerteilt	2 TL Reiswein oder trockener
1 Knoblauchzehe, zerdrückt	60 g Zuckererbsen	Sherry
1 frische rote Chilischote,	60 g Babymaiskolben, längs	1 TL Speisestärke
gehackt	halbiert	2 TL Wasser
350 g Entenbrustfilet, in Streifen	300 ml Hühnerbrühe	1 TL Sesamöl
geschnitten		

1 Das Öl im vorgewärmten Wok erhitzen. Die Hitze etwas reduzieren und Ingwer, Knoblauch, Chilischote und Entenfleisch unter Rühren 2–3 Minuten anbraten. Herausnehmen und beseite stellen.

2 Blumenkohlröschen, Zuckererbsen und Mais im Wok 2–3 Minuten scharf anbraten.

3 Das Entenfleisch in den Wok zurückgeben und die Brühe aufgießen. Mit Fünf-Gewürze-Pulver würzen. Den Reiswein unterrühren. Bei geringer Hitze etwa 15 Minuten kochen, bis das Fleisch zart ist.

4 Speisestärke und Wasser glatt rühren und zusammen mit dem Sesamöl in die Fleisch-Gemüse-Mischung geben. Unter Rühren aufkochen, bis die Sauce eindickt.

5 Das Entenfleisch mit der würzigen Sauce in eine warme Schüssel füllen und sofort servieren.

TIPP

Für ein milderes Gericht die Chilischote ganz weglassen oder vor dem Hacken die Samen entfernen.

Glasierte Ente

Für 4 Personen

ZUTATEN

1 TL dunkle Sojasauce	1 TL gemahlener Sternanis	Sellerieblätter
2 EL Honig	2 TL Speisestärke	Gurkenscheiben
1 TL Knoblauchessig	2 TL Wasser	Schnittlauchhalme
2 Knoblauchzehen, zerdrückt	2 Entenbrustfilets à 220 g	

GARNIERUNG:

1 Sojasauce, Honig, Knoblauchessig, Knoblauch und Sternanis gut vermischen. Die Speisestärke mit dem Wasser anrühren und zugeben.

2 Die Entenbrustfilets in eine flache Schale legen. Rundum mit der Sojamarinade bestreichen. Die restliche Marinade aufbewahren. Abgedeckt im Kühlschrank mindestens 2 Stunden, besser über Nacht, marinieren.

3 Den Backofen auf 220 °C vorheizen. Das Fleisch aus der Marinade nehmen und im Ofen 20–25 Minuten braten, dabei mit der restlichen Marinade bestreichen.

4 Den Grill zuschalten und die Entenbrustfilets weitere 3–4 Minuten grillen, bis die Oberfläche karamellisiert.

5 Die Entenbrüste dünn aufschneiden und auf einer vorgewärmten Servierplatte anrichten, mit Sellerieblättern, Gurkenscheiben und Schnittlauch garnieren und servieren.

TIPP

Falls die Entenbrüste im Ofen zu schnell dunkel werden, mit Alufolie abdecken. Zur Garprobe das Fleisch mit der Spitze eines scharfen Messers leicht anschneiden, tritt klarer Bratensaft aus, ist das Fleisch gar.

Ente mit Mango

Für 4 Personen

ZUTATEN

2 mittelgroße reife Mangos	1 TL frisch geriebener Ingwer	1 Porreestange, in Ringe
300 ml Hühnerbrühe	3 EL Öl	geschnitten
2 Entenbrustfilets à 250 g	1 TL Reisessig	frisch gehackte Petersilie,
2 Knoblauchzehen, zerdrückt	1 TL helle Sojasauce	zum Garnieren

1 Die Mangos schälen.Das Fruchtfleisch mit einem Messer von den flachen Kernen lösen und in Streifen schneiden.

2 Die Hälfte der Mangostreifen zusammen mit der Brühe im Mixer pürieren. Alternativ die Mangostücke durch ein Sieb pressen und mit der Brühe verrühren.

3 Das Entenfleisch mit Knoblauch und Ingwer einreiben. Das Öl im Wok erhitzen und das Fleisch darin von allen Seiten anbraten. Die Fleischstücke herausnehmen und das Öl im Wok belassen. Den Backofen auf 220 °C vorheizen. Die Fleischstücke auf einen Bratrost mit untergestellter Saftpfanne legen und im Ofen 20 Minuten braten.

4 Unterdessen die Mangobrühe mit Essig und Sojasauce in einem Topf bei starker Hitze auf die Hälfte einkochen.

5 Den Wok mit dem verbliebenen Öl erhitzen.

Den Porree und die restlichen Mangostreifen 1 Minute anbraten.

6 Die Entenbrust quer aufschneiden und auf dem Porree-Mango-Bett anrichten. Die Mangosauce über das Fleisch gießen, garnieren und sofort servieren.

TIPP

Die Mangostreifen nicht zu lange im Wok braten oder zu heftig rühren, sonst zerfallen sie.

Frittierte Ente mit Brokkoli & Paprika

Für 4 Personen

ZUTATEN

1 Eiweiß

2 EL Speisestärke

450 g Entenbrustfilet

Öl, zum Frittieren

1 rote Paprika, entkernt und gewürfelt

1 gelbe Paprika, entkernt und gewürfelt

125 g Brokkoli, in kleine Röschen zerteilt

1 Knoblauchzehe, zerdrückt

2 EL helle Sojasauce

2 TL chinesischer Reiswein oder trockener Sherry

1 TL brauner Zucker

125 ml Hühnerbrühe

2 TL Sesamsaat

1 Das Eiweiß mit der Speisestärke in einer Schüssel aufschlagen.

2 Das Entenfleisch in Würfel schneiden und mit der Eiweißmischung verrühren. 30 Minuten ziehen lassen.

3 Das Frittieröl im Wok fast bis zum Rauchen erhitzen. Das Entenfleisch aus der Eiweißmischung nehmen und 4–5 Minuten im heißen Öl knusprig frittieren. Aus dem Öl nehmen und zum Abtropfen auf Küchenpapier legen.

4 Paprika und Brokkoli für 2–3 Minuten im Wok frittieren. Dann herausnehmen und ebenfalls auf Küchenpapier legen.

5 Bis auf 2 Esslöffel alles Öl aus dem Wok abgießen. Den Knoblauch 30 Sekunden scharf anbraten.

Sojasauce, Reiswein, Zucker und Brühe zugeben und aufkochen.

6 Entenfleisch und Gemüse unterrühren und 1–2 Minuten mitkochen.

7 Das Entenfleisch mit dem Gemüse auf einem vorgewärmten Servierteller anrichten und mit dem Sesam bestreuen. Sofort servieren.

Filetpfanne mit Gemüse

Für 4 Personen

ZUTATEN

350 g mageres Schweinefilet
2 EL Öl
2 Knoblauchzehen, zerdrückt
1-cm-Stück Ingwerwurzel, in dünne Scheiben geschnitten

1 Karotte, in dünne Stifte geschnitten
1 rote Paprika, entkernt und gewürfelt
1 Fenchelknolle, in Ringe geschnitten
25 g Wasserkastanien, halbiert

80 g Bohnensprossen
2 EL chinesischer Reiswein
300 ml Fleisch- oder Hühnerbrühe
1 Prise brauner Zucker
1 TL Speisestärke
2 TL Wasser

1 Das Fleisch in dünne Scheiben schneiden. Das Öl im Wok erhitzen. Knoblauch, Ingwer und Fleisch zugeben. 1–2 Minuten pfannenrühren.

2 Karotte, Paprika, Fenchel und Wasserkastanien zugeben. 2 Minuten scharf anbraten.

3 Die Bohnensprossen zugeben und 1 Minute unter Rühren mitbraten. Fleisch und Gemüse herausnehmen. Warm halten.

4 Reiswein, Brühe und Zucker in den Wok geben. Die Speisestärke mit dem Wasser anrühren und mit der Sauce vermengen. Unter Rühren aufkochen, bis die Sauce eindickt.

5 Fleisch und Gemüse wieder in den Wok geben und 1–2 Minuten in der Sauce erhitzen. Dabei ständig rühren. Auf vorgewärmte Schalen verteilen und sofort servieren.

TIPP

Statt Reiswein können Sie auch trockenen Sherry verwenden.

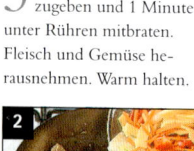

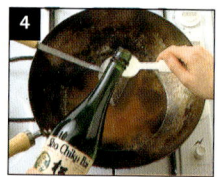

Süß-saure Schweinepfanne

Für 4 Personen

ZUTATEN

150 ml Öl, zum Braten
250 g Schweinefilet, in 1 cm große
   Würfel geschnitten
1 Zwiebel, in Ringe geschnitten
1 grüne Paprika, entkernt und
   in Streifen geschnitten
250 g Ananas, in Stücke
   geschnitten
1 Karotte, in Stifte geschnitten

25 g Bambussprossen aus der
   Dose, abgespült, abgetropft
   und halbiert
Reis oder Nudeln, zum Servieren

TEIG:
125 g Mehl
1 EL Speisestärke
1½ TL Backpulver
1 EL Öl
SAUCE:
125 g brauner Zucker
2 EL Speisestärke

125 ml Weißweinessig
2 Knoblauchzehen, zerdrückt
4 EL passierte Tomaten
6 EL Ananassaft

1 Für den Teig Mehl, Speisestärke und Backpulver in eine Schüssel sieben. Das Öl und so viel Wasser (180 ml) zugießen, bis ein dicker Teig entsteht. Das Öl in einem Wok sehr stark erhitzen. Die Fleischwürfel in den Teig tauchen. Dann portionsweise im Öl braten, bis das Fleisch gar ist. Die Fleischwürfel mit einem Schaumlöffel herausheben, beiseite stellen und warm halten. Das Öl bis auf 1 Esslöffel aus dem Wok gießen und wieder erhitzen. Zwiebel, Paprika, Ananas, Karotte und Bambussprossen zugeben und 1–2 Minuten pfannenrühren. Das Gemüse mit einem Schaumlöffel herausheben und beiseite stellen.

2 Für die Sauce die Zutaten verrühren und in den Wok gießen. Aufkochen und unter Rühren eindicken lassen. 1 weitere Minute kochen. Dann Fleisch und Gemüse wieder zugeben. Weitere 1–2 Minuten kochen, auf einen Servierteller geben und servieren. Reis oder Nudeln dazu reichen.

Schweinefleisch mit Pflaumen

Für 4 Personen

ZUTATEN

450 g Schweinefilet (Lende)
1 EL Speisestärke
2 EL helle Sojasauce
2 EL chinesischer Reiswein
4 TL brauner Zucker

1 Prise gemahlener Zimt
5 TL Öl
2 Knoblauchzehen, zerdrückt
2 Frühlingszwiebeln, in Ringen
4 EL Pflaumensauce

1 EL Hoisin-Sauce
150 ml Wasser
1 Spritzer Chilisauce
gebratene Pflaumenviertel
      und Frühlingszwiebeln,
      zum Garnieren

1 Das Schweinefilet in Scheiben schneiden.

2 Für die Marinade Speisestärke, Sojasauce, Reiswein, Zucker und Zimt vermischen.

3 Das Schweinefleisch in eine flache Schale geben. Die Marinade darüber verteilen. Abgedeckt ca. 30 Minuten marinieren.

4 Das Fleisch aus der Schale nehmen und die Marinade aufbewahren.

5 Das Öl im vorgewärmten Wok erhitzen. Das Fleisch darin 3–4 Minuten braun anbraten.

6 Knoblauch, Frühlingszwiebeln, Pflaumensauce, Hoisin-Sauce, Wasser und Chilisauce unterrühren. Aufkochen und bei schwacher Hitze 8–10 Minuten köcheln, bis das Fleisch zart und gar ist.

7 Die zurückbehaltene Marinade zugießen und 5 Minuten unter Rühren kochen. Alles auf einer vorgewärmten Platte anrichten, mit gebratenen Pflaumenvierteln und Frühlingszwiebeln garnieren. Sofort servieren.

VARIATION

Nach Belieben kann man auch in Streifen geschnittene Entenbrust statt Schweinefleisch verwenden.

Schweinefleisch im Teigmantel

Für 4 Personen

ZUTATEN

450 g Schweinefilet (Lende)

2 EL Erdnussöl

200 g Mehl

2 TL Backpulver

1 Ei, verquirlt

225 ml Milch

1 Prise Chilipulver

Öl, zum Frittieren

SAUCE:

2 EL dunkle Sojasauce

3 EL Honig

1 EL Reisessig

1 EL Schnittlauch, gehackt

1 EL Tomatenmark

Schnittlauch, zum Garnieren

1 Das Schweinefleisch würfeln.

2 Das Erdnussöl im vorgewärmten Wok erhitzen. Das Fleisch darin unter Rühren 2–3 Minuten anbraten. Herausnehmen und beiseite stellen.

3 Das Mehl in eine Schüssel sieben, in der Mitte eine Mulde formen. Backpulver, Ei, Milch und Chilipulver zufügen. Zu einem festen Teig verarbeiten.

4 Das Frittieröl im Wok stark erhitzen, dann die Hitze etwas reduzieren.

5 Die Fleischwürfel in den Teig geben und gut damit überziehen. Dann die Fleischwürfel im Wok goldgelb frittieren. Herausnehmen und auf Küchenpapier abtropfen lassen.

6 Für die Sauce Sojasauce, Honig, Essig, Schnittlauch und Tomatenmark sorgfältig verrühren.

7 Das frittierte Fleisch auf einer Servierplatte anrichten, garnieren und mit der Sauce servieren.

TIPP

Das Frittieröl vorsichtig bis knapp unter den Rauchpunkt erhitzen, dann sofort die Hitze etwas reduzieren. Beim Einlegen des Fleisches aufpassen. Spritzgefahr!

Rindfleischpfanne mit Brokkoli

Für 4 Personen

ZUTATEN

220 g mageres Rindersteak	½ TL Fünf-Gewürze-Pulver	1 EL helle Sojasauce
2 Knoblauchzehen, zerdrückt	2 EL dunkle Sojasauce	150 ml Rinderbrühe
1 Spritzer Chili-Öl	2 EL Öl	2 TL Speisestärke
1-cm-Stück Ingwerwurzel, geriebene	150 g Brokkoli, in Röschen zerteilt	4 TL Wasser
		Karotten, in Stifte geschnitten, zum Garnieren

1 Das Fleisch in dünne Streifen schneiden und in eine Schüssel legen. Knoblauch, Chili-Öl, Ingwer, Fünf-Gewürze-Pulver und Sojasauce vermischen und über dem Fleisch verteilen. Gut unterrühren, dann zum Marinieren in den Kühlschrank stellen (s. Tipp).

2 Einen Esslöffel Öl im Wok erhitzen. Den Brokkoli zugeben und bei mittlerer Hitze 4–5 Minuten anbraten. Herausnehmen und beiseite stellen.

3 Das restliche Öl im Wok erhitzen. Das Fleisch mit der Marinade hineingeben und unter Rühren 2–3 Minuten anbraten, bis das Fleisch leicht gebräunt ist.

4 Den Brokkoli wieder zugeben. Sojasauce und Brühe einrühren.

5 Speisestärke mit Wasser vermengen und in die Sauce einrühren. Alles unter Rühren aufkochen, bis die Sauce eindickt. Dann noch 1 Minute köcheln.

6 Die fertige Rindfleischpfanne auf vorgewärmte Schalen verteilen, mit Karotten garnieren. Sofort servieren.

TIPP

Damit das Fleisch würziger wird, sollte es einige Stunden marinieren. Mit Frischhaltefolie abdecken und kalt stellen.

Mariniertes Rind mit Austernsauce

Für 4 Personen

ZUTATEN

220 g mageres Rindersteak, in
2,5 cm große Würfel ge-
schnitten
1 EL helle Sojasauce
1 TL Sesamöl
2 TL chinesischer Reiswein oder
trockener Sherry
1 TL Zucker
2 TL Hoisin-Sauce
1 Knoblauchzehe, zerdrückt
½ TL Speisestärke
2 EL Öl

3 Knoblauchzehen, zerdrückt
1-cm-Stück Ingwerwurzel,
geraspelt
8 Babymaiskolben, längs halbiert
½ grüne Paprika, entkernt und in
dünne Streifen geschnitten
25 g Bambussprossen aus der
Dose, abgetropft

grüne Paprikastreifen,
zum Garnieren
Reis oder Nudeln, zum Servieren

SAUCE:
2 EL dunkle Sojasauce
1 TL Zucker
½ TL Speisestärke
3 EL Austernsauce
8 EL Wasser

1 Das Fleisch in eine Schale legen. Sojasauce, Sesamöl, Reiswein, Zucker, Hoisin-Sauce, Knoblauch und Speisestärke verrühren und unter das Fleisch mischen. Unterheben und 1 Stunde marinieren.

2 Für die Sauce Sojasauce mit Zucker, Speisestärke, Austernsauce und Wasser verrühren. Beiseite stellen.

3 Das Öl im Wok erhitzen und das Fleisch mit der Marinade zugeben. 2–3 Minuten scharf anbraten, bis das Fleisch leicht gebräunt ist. Knoblauch, Ingwer, Mais, Paprika und Bambussprossen zufügen. Die Sauce einrühren und aufkochen. Bei reduzierter Hitze noch 2–3 Minuten kochen. Auf einem vorgewärmten Servierteller anrichten, mit grünen Paprikastreifen garnieren und sofort servieren. Reis oder Nudeln dazu reichen.

TIPP

Je länger das Fleisch mariniert, desto würziger schmeckt es.

Scharfes Rindfleisch

Für 4 Personen

ZUTATEN

220 g Filetsteak	SAUCE:	150 ml Wasser
2 Knoblauchzehen, zerdrückt	2 EL Öl	2 TL Speisestärke
1 TL gemahlener Sternanis	1 Bund Frühlingszwiebeln,	
1 EL dunkle Sojasauce	längs halbiert	Frühlingszwiebeln, in Streifen,
	1 EL dunkle Sojasauce	zum Garnieren
	1 EL Reiswein	
	1/4 TL Chilisauce	

1 Das Fleisch in schmale Streifen schneiden und in eine Schüssel legen.

2 Knoblauch, Sternanis und Sojasauce vermischen. Über das Fleisch gießen und alles sorgfältig verrühren. Abgedeckt mindestens 1 Stunde im Kühlschrank marinieren.

3 Für die Sauce das Öl in einem vorgewärmten Wok erhitzen. Die Hitze reduzieren und die Frühlingszwiebeln zugeben. 1–2 Minuten unter Rühren anbraten. Die Zwiebeln aus dem Wok nehmen und beiseite stellen.

4 Das Fleisch mit der Marinade in den Wok geben und 3–4 Minuten pfannenrühren. Die Frühlingszwiebeln in den Wok geben, dann Sojasauce, Reiswein, Chilisauce und zwei Drittel des Wassers zugeben.

5 Das restliche Wasser mit der Speisestärke glatt rühren und in den Wok gießen. Unter Rühren aufkochen, bis die Sauce eindickt.

6 Auf vorgewärmte Teller verteilen, garnieren und servieren.

TIPP

Für ein milderes Gericht Chilisauce weglassen.

Rindfleisch mit Bohnen

Für 4 Personen

ZUTATEN

450 g Rumpsteak oder Filetsteak, in 2,5 cm große Stücke geschnitten	SAUCE: 2 EL Öl 3 Knoblauchzehen, zerdrückt 1 kleine Zwiebel, geachtelt 220 g dünne grüne Bohnen, halbiert 25 g ungesalzene Cashewkerne 25 g Bambussprossen aus der Dose, abgetropft	2 TL dunkle Sojasauce 2 TL chinesischer Reiswein oder trockener Sherry 125 ml Rindfleischbrühe 2 TL Speisestärke 4 TL Wasser Salz und Pfeffer
MARINADE: 2 TL Speisestärke 2 EL dunkle Sojasauce 2 TL Erdnussöl		

1 Für die Marinade Speisestärke, Sojasauce und Erdnussöl mischen.

2 Das Fleisch in eine flache Glasschale legen und gründlich in der Marinade wenden. Abgedeckt im Kühlschrank 30 Minuten marinieren.

3 Für die Sauce das Öl in einem vorgewärmten Wok erhitzen. Knoblauch, Zwiebel, Bohnen, Cashewkerne und Bambussprossen zugeben und 2–3 Minuten anbraten.

4 Das Fleisch aus der Marinade nehmen, abtropfen lassen, in den Wok geben und 3–4 Minuten pfannenrühren.

5 Sojasauce, Reiswein oder Sherry und Brühe verrühren. Die Speisestärke mit dem Wasser glatt rühren, dann mit der Brühmischung zu einer Sauce verrühren.

6 Die Sauce in den Wok gießen und unter Rühren kurz aufkochen, bis sie eindickt. Dann die Hitze reduzieren und alles 2–3 Minuten köcheln. Das fertige Gericht mit Salz und Pfeffer abschmecken und sofort servieren.

Lammfleischbällchen

Für 4 Personen

ZUTATEN

450 g Lammfleisch, gehackt
3 Knoblauchzehen, zerdrückt
2 Frühlingszwiebeln, in Ringen
½ TL Chilipulver
1 TL chinesisches Currypulver
1 EL frisch gehackte Petersilie

4 EL Semmelbrösel
1 Ei, verquirlt
3 EL Öl
150 g Chinakohl, in Streifen
  geschnitten
1 Porreestange, in Ringen

1 EL Speisestärke
2 EL Wasser
300 ml Lamm- oder Rinderbrühe
1 EL dunkle Sojasauce
etwas Porree, in dünnen Ringen,
  zum Garnieren

1 In einer Schüssel Lammfleisch, Knoblauch, Frühlingszwiebeln, Chilipulver, Currypulver, Petersilie und Semmelbrösel vermischen. Mit dem Ei zu einem festen Teig verarbeiten und 16 große Fleischbällchen formen.

2 Das Öl im vorgewärmten Wok erhitzen. Chinakohl und Porree zugeben und unter Rühren 1 Minute anbraten. Dann aus dem Wok nehmen und beiseite stellen.

3 Nun die Fleischbällchen in kleinen Portionen 3–4 Minuten im Wok goldbraun braten, dabei mehrmals wenden.

4 Die Speisestärke mit dem Wasser verrühren und beiseite stellen. Die Lammbrühe zusammen mit der Sojasauce in den Wok gießen und 2–3 Minuten kochen. Die angerührte Speisestärke zugeben. Unter ständigem Rühren aufkochen, bis die Sauce eindickt.

5 Das Gemüse wieder in den Wok geben und zum Aufwärmen mitkochen. Chinakohl und Porree auf einer Servierplatte anrichten, die Fleischbällchen darauf legen und garnieren.

VARIATION

Statt Lammfleisch können Sie auch Rind- oder Schweinefleisch verwenden.

Lammfleisch mit Pilzsauce

Für 4 Personen

ZUTATEN

350 g mageres Lammfleisch
ohne Knochen, z. B. Filet oder
Lende
1 TL Speisestärke
4 EL helle Sojasauce
3 EL Wasser

3 EL chinesischer Reiswein oder
trockener Sherry
½ TL Chilisauce
2 EL Öl
1 Porreestange, in Ringe
geschnitten

3 Knoblauchzehen, zerdrückt
180 g große Pilze, in Scheiben
geschnitten
½ TL Sesamöl
frische rote Chilischoten,
zum Garnieren

1 Das Fleisch in dünne
Streifen schneiden.

2 Speisestärke, Sojasauce,
Wasser, Reiswein und
Chilisauce in einer kleinen
Schüssel mischen und bei-
seite stellen.

3 Das Öl in einem vorge-
wärmten Wok erhitzen.
Fleischstreifen, Porree und
Knoblauch zugeben und
2–3 Minuten pfannenrühren.

4 Die Pilze zugeben und
1 Minute unter Rühren
mitbraten.

5 Die angerührte Speise-
stärke in den Wok gießen
und alles 2–3 Minuten
kochen, bis das Fleisch gar ist.
Das fertige Gericht mit
Sesamöl beträufeln und auf
vorgewärmte Schalen verteilen, mit Chilischoten garnieren. Sofort servieren.

TIPP

*Für dieses Rezept eignen
sich auch getrocknete
chinesische Pilze.
Sie müssen vor dem
Gebrauch eingeweicht
werden.*

VARIATION

*Dieses klassische Rezept aus
Peking kann auch mit
Rind- oder Schweinefleisch
zubereitet werden. Der
Porree kann durch
2–3 Frühlingszwiebeln,
1 Schalotte oder 1 kleine
Zwiebel ersetzt werden.*

Lamm mit Knoblauchsauce

Für 4 Personen

ZUTATEN

450 g Lammfilet oder Lende

2 EL dunkle Sojasauce

2 TL Sesamöl

2 EL chinesischer Reiswein oder trockener Sherry

½ TL Szechuan-Pfeffer

4 EL Öl

4 Knoblauchzehen, zerdrückt

60 g Wasserkastanien, geviertelt

1 grüne Paprika, entkernt und in Streifen geschnitten

1 EL Weißweinessig

1 EL Sesamöl

Reis oder Nudeln, zum Servieren

1 Das Lammfleisch in 2,5 cm große Würfel schneiden und in eine flache Schüssel geben.

2 Für die Marinade 1 Esslöffel Sojasauce, Sesamöl, Reiswein und Szechuan-Pfeffer mischen und über das Lammfleisch geben. Alles gut vermischen und 30 Minuten marinieren.

3 Das Öl im vorgewärmten Wok erhitzen. Die Fleischstücke aus der Marinade nehmen und zusammen mit dem Knoblauch im Wok 2–3 Minuten anbraten.

4 Wasserkastanien und Paprika zugeben. 1 Minute anbraten.

5 Restliche Sojasauce und Essig unterrühren.

6 Das Sesamöl zufügen. Weitere 1–2 Minuten pfannenrühren.

7 Das Lammfleisch mit der Knoblauchsauce auf einer vorgewärmten Platte anrichten. Mit Reis oder Nudeln servieren.

TIPP

Sesamöl wird zum Verfeinern von Speisen und nicht zum Braten verwendet, da es schnell verbrennt. Erst zum Schluss zugeben.

VARIATION

Als Garnierung für dieses Gericht passt hier wunderbar chinesischer Schnittlauch.

Scharfes Lammfleisch

Für 4 Personen

ZUTATEN

450 g mageres Lammfleisch
ohne Knochen

2 EL Hoisin-Sauce

1 EL dunkle Sojasauce

1 Knoblauchzehe, zerdrückt

2 TL frisch geriebener Ingwer

2 EL Öl

2 Zwiebeln, in Ringen
1 Fenchelknolle, in Streifen
4 EL Wasser

SAUCE:
1 große frische rote Chilischote,
in dünnen Streifen

1 frische grüne Chilischote, in
dünnen Streifen

2 EL Reisessig

2 TL brauner Zucker

2 EL Erdnussöl

1 TL Sesamöl

1 Das Lammfleisch würfeln und in eine Schüssel geben.

2 Hoisin-Sauce, Sojasauce, Knoblauch und Ingwer mischen und über das Fleisch gießen. Gut durchrühren und zum Marinieren für 20 Minuten in den Kühlschrank stellen.

3 Das Öl im vorgewärmten Wok erhitzen und das Fleisch darin 1–2 Minuten pfannenrühren.

4 Zwiebeln und Fenchel zugeben und 2 Minuten unter Rühren mitbraten, bis sie gebräunt sind.

5 Das Wasser zugeben, Deckel auflegen und 2–3 Minuten kochen.

6 Für die Sauce in einem kleinen Topf Chilischoten, Reisessig, Zucker, Erdnussöl und Sesamöl bei schwacher Hitze 2–3 Minuten köcheln und gut verrühren.

7 Das Lamm mit Zwiebeln und Fenchel auf einer vorgewärmten Platte anrichten und mit der Sauce übergießen.

VARIATION

Lamm durch Schweine-, Rind- oder Entenfleisch ersetzen, Zwiebeln und Fenchel durch Porree und Sellerie.

Gebratenes Lamm mit Sesam

Für 4 Personen

ZUTATEN

450 g mageres Lammfleisch
    ohne Knochen
2 EL Erdnussöl
2 Porreestangen, in Ringe
    geschnitten
1 Karotte, in dünne Stifte

geschnitten
2 Knoblauchzehen, zerdrückt
80 ml Lamm- oder Gemüsebrühe

2 TL brauner Zucker
1 EL dunkle Sojasauce
4½ TL Sesamsaat

1 Das Fleisch in dünne Streifen schneiden. Das Erdnussöl in einem vorgewärmten Wok erhitzen. Das Fleisch 2–3 Minuten darin unter Rühren anbraten. Herausnehmen und beiseite stellen.

2 Porree, Karotte und Knoblauch in den Wok geben und 1–2 Minuten anbraten. Herausnehmen und beiseite stellen. Das Öl aus dem Wok gießen.

3 Brühe, Zucker und Sojasauce in den Wok geben. Das Lammfleisch zufügen und alles unter ständigem Rühren 2–3 Minuten kochen. Den Sesam einstreuen und verrühren.

4 Das Gemüse auf vorgewärmte Schalen verteilen, das Fleisch darauf anrichten. Sofort servieren.

VARIATION

Dieses Rezept können Sie auch mit magerem Geflügelfleisch oder großen Krabben zubereiten. Die Garzeiten verändern sich nicht und das Gericht ist ebenso delikat.

TIPP

Vorsicht beim Erhitzen des marinierten Fleisches im Wok; der Zucker verbrennt leicht und wird dann sehr bitter.

Gemüse

In Asien spielt Gemüse eine wichtige Rolle auf dem
Speiseplan. Mit Leichtigkeit lässt sich ein ganzes Menü aus
den folgenden Rezepten zusammenstellen, das weder Fleisch
noch Fisch enthält.

Die Chinesen lieben ihr Gemüse, wenn es noch Biss hat.
Daher sind die Garzeiten in diesem Kapitel so ausgelegt, dass
Aromen und Konsistenz der Zutaten erhalten bleiben und
durch die Zubereitung so wenig Vitamine wie möglich
verloren gehen. Sie finden in der Vielzahl der Gemüserezepte
sowohl köstliche Hauptgerichte als auch zahlreiche Vorschläge
für Beilagen.

Die Chinesen legen sehr großen Wert auf die Frische ihrer
Zutaten. Kaufen Sie nur festes, knackiges Gemüse und
verarbeiten Sie es so schnell wie möglich. Wichtig ist auch,
dass Sie das Gemüse erst waschen und dann erst schneiden.
So bleiben die meisten Vitamine erhalten. Geschnittenes
Gemüse sollten Sie so schnell wie möglich weiterverarbeiten,
sonst gehen die Vitamine an der Luft verloren.

Würzige Auberginen

Für 4 Personen

ZUTATEN

450 g Auberginen, gewaschen	1 frische rote Chilischote,	1 TL gemahlener Szechuan-
2 TL Salz	in Streifen	Pfeffer
3 EL Öl	2 EL dunkle Sojasauce	300 ml Gemüsebrühe
2,5-cm-Stück Ingwerwurzel,	1 EL Hoisin-Sauce	
geraspelt	½ TL Chilisauce	
2 Knoblauchzehen, zerdrückt	1 EL brauner Zucker	
1 Zwiebel, halbiert und in Ringen	1 EL Weinessig	

1 Die Auberginen in Würfel schneiden. In ein Sieb geben und mit Salz bestreuen. 30 Minuten stehen lassen. Dann unter fließend kaltem Wasser abspülen und mit Küchenpapier trockentupfen.

2 Das Öl im vorgewärmten Wok erhitzen und Ingwer, Knoblauch, Zwiebel und Chilischote hineingeben. 30 Sekunden unter Rühren anbraten, dann die Auberginen zugeben und weitere 1–2 Minuten pfannenrühren.

3 Sojasauce, Hoisin-Sauce, Chilisauce, Zucker, Weinessig, Szechuan-Pfeffer und Gemüsebrühe in den Wok gießen. Die Hitze reduzieren und das Ganze ohne Deckel ca. 10 Minuten köcheln, bis die Auberginen gar sind. Die Hitze erhöhen und die Sauce so weit einkochen, dass sie die Auberginen gerade noch bedeckt. Servieren.

TIPP

Durch das Salzen und Entwässern werden den Auberginen Bitterstoffe entzogen, die den Geschmack des Gerichts beeinträchtigen würden.

Gebratener Tofu mit Gemüse

Für 4 Personen

ZUTATEN

450 g Tofu
150 ml Öl
1 Porreestange, in Ringen
4 Babymaiskolben, längs halbiert
60 g Zuckererbsen
1 rote Paprika, entkernt und in
    dünne Streifen geschnitten

60 g Bambussprossen aus der
    Dose, abgetropft, gewaschen

SAUCE:
1 EL Reiswein oder trockener
    Sherry
4 EL Austernsauce

3 TL helle Sojasauce
2 TL Zucker
1 Prise Salz
50 ml Gemüsebrühe
1 TL Speisestärke
2 TL Wasser

Reis oder Nudeln, zum Servieren

1 Den Tofu unter fließendem Wasser abspülen und mit Küchenpapier trockentupfen. In 2,5 cm große Würfel schneiden.

2 Das Öl im vorgewärmten Wok fast bis zum Rauchen erhitzen. Dann die Hitze reduzieren und den Tofu unter Rühren goldgelb frittieren. Aus dem Wok nehmen und zum Abtropfen auf Küchenpapier legen.

3 Bis auf 2 Esslöffel das Öl aus dem Wok abgießen. Porree, Mais, Zuckererbsen, Paprika und Bambussprossen hineingeben und unter Rühren 2–3 Minuten anbraten.

4 Für die Sauce Reiswein, Austernsauce, Sojasauce, Zucker, Salz und Gemüsebrühe zufügen und aufkochen. Speisestärke und Wasser vermischen und einrühren. Kochen, bis die Sauce eindickt.

5 Die Tofuwürfel zu dem Gemüse geben und 1 Minute mitkochen, bis sie warm sind. Mit Reis oder Nudeln servieren.

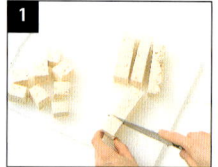

Tofu-Eintopf

Für 4 Personen

ZUTATEN

450 g Tofu	Scheiben	1 EL Sesamöl
2 EL Erdnussöl	450 g junger Spinat	
8 Frühlingszwiebeln, in kurze		Reis, zum Servieren
Stücke geschnitten		
2 Selleriestangen, in Scheiben	SAUCE:	
125 g Brokkoli, in Röschen	425 ml Gemüsebrühe	
zerteilt	2 EL helle Sojasauce	
125 g Zucchini, in Scheiben	3 EL Hoisin-Sauce	
2 Knoblauchzehen, in dünnen	½ TL Chilipulver	

1 Den Tofu in 2,5 cm große Würfel schneiden und beiseite stellen.

2 Das Öl im vorgewärmten Wok erhitzen. Frühlingszwiebeln, Sellerie, Brokkoli, Zucchini, Knoblauch, Spinat und Tofu zugeben und unter Rühren 3–4 Minuten anbraten.

3 Für die Sauce Gemüsebrühe, Sojasauce, Hoisin-Sauce, Chilipulver und Sesamöl in einem gro-ßen Topf vermengen und aufkochen. Die im Wok angebratene Gemüse-Tofu-Mischung zufügen, die Hitze reduzieren und 10 Minuten schmoren.

4 In einer vorgewärmten Servierschüssel anrichten und mit Reis servieren.

TIPP

Durch andersfarbige Gemüsesorten können Sie auch verschiedene Farb- und Geschmacks- kombinationen schaffen.

VARIATION

Geben Sie 80 g frische oder eingelegte Strohpilze in Schritt 2 zu dem Gemüse.

Bohnensprossen-Gemüse-Salat

Für 4 Personen

ZUTATEN

450 g Bohnensprossen
2 frische rote Chilischoten, entkernt und fein gehackt
1 rote Paprika, entkernt und in dünne Streifen geschnitten
1 grüne Paprika, entkernt und in

dünne Streifen geschnitten
60 g Wasserkastanien, geviertelt
1 Selleriestange, in Scheiben
3 EL Reisessig
2 EL helle Sojasauce
2 EL frisch gehackter

Schnittlauch
1 Knoblauchzehe, zerdrückt
1 Prise chinesisches Currypulver

1 Bohnensprossen, Chilischoten, Paprika, Wasserkastanien und Sellerie in einer Salatschüssel gut vermischen.

2 Reisessig, Sojasauce, Schnittlauch, Knoblauch und Currypulver verrühren, über das vorbereitete Gemüse gießen. Alles vermengen.

3 Den Salat abgedeckt für 3 Stunden kalt stellen. Dann den Salat gut abtropfen lassen und auf einem Servierteller anrichten.

TIPP

Chilischoten gibt es in zahlreichen Formen und Farben. Ihre Schärfe ist schwer abzuschätzen. Als Faustregel gilt: Dunkelgrüne Chilischoten sind schärfer als hellgrüne oder rote. Und schmale, spitze Chilischoten sind meist schärfer als die dickeren. Oft unterscheiden sich sogar verschiedene Früchte derselben Pflanze hinsichtlich der Schärfe.

TIPP

Dieser Salat passt gut zu gebratenen Fleischgerichten oder zusammen mit der Marinade zu Nudeln.

Gebratener Honig-Orangen-Chinakohl

Für 4 Personen

ZUTATEN

450 g Chinakohl	1 frische rote Chilischote, in	1 EL Honig
1 EL Erdnussöl	Streifen	125 ml Orangensaft
1-cm-Stück Ingwerwurzel,	1 EL Reiswein oder trockener	1 EL Sesamöl
geraspelt	Sherry	2 TL Sesamsaat
2 Knoblauchzehen, zerdrückt	4½ TL helle Sojasauce	Orangenzesten, zum Garnieren

1 Die Blätter des China-
kohls auslösen und in
dünne Streifen schneiden.

2 Im vorgewärmten Wok
das Erdnussöl erhitzen.
Ingwer, Knoblauch und
Chilischote 30 Sekunden
unter Rühren anbraten.

3 Chinakohl, Reiswein,
Sojasauce, Honig und
Orangensaft in den Wok
geben. Die Hitze reduzieren
und 5 Minuten köcheln.

4 Mit dem Sesamöl
beträufeln und den

Sesam darüber streuen, alles
gut durchmischen. Auf einer
vorgewärmten Platte anrichten, mit den Orangenzesten
garnieren und servieren.

TIPP

*Sortenreiner Honig hat einen
besseren und individuelleren
Geschmack als Mischhonig.
Typisch chinesisch ist
Akazienhonig, doch auch
Klee- oder Orangen-
blütenhonig sind geeignet.*

VARIATION

*Statt Chinakohl können
Sie auch andere Kohlarten
wie Wirsing verwenden.
Die Farbe wird dunkler
und der Geschmack
intensiver, doch es bleibt ein
köstliches Gericht.*

Grünes Wokgemüse

Für 4 Personen

ZUTATEN

2 EL Erdnussöl	350 g Pak Choi, geschnitten	1 grüne Paprika, entkernt und
2 Knoblauchzehen, zerdrückt	220 g junger Spinat	in Streifen geschnitten
½ TL gemahlener Sternanis	25 g Zuckererbsen	50 ml Gemüsebrühe
1 TL Salz	1 Selleriestange, in Scheiben	1 TL Sesamöl

1 Das Öl in einem Wok erhitzen.

2 Den Knoblauch 30 Sekunden unter Rühren anbraten. Sternanis, Salz, Pak Choi, Spinat, Zuckererbsen, Sellerie und Paprika zugeben und 3–4 Minuten pfannenrühren.

3 Die Brühe zugießen und alles abgedeckt 3–4 Minuten kochen.

4 Das Sesamöl zugeben und gut mit dem

Gemüse verrühren, dann vom Herd nehmen.

5 Das Gemüse auf einer vorgewärmten Platte anrichten und servieren.

TIPP

Servieren Sie dieses Gericht als Teil eines vegetarischen Menüs oder als Beilage zu gebratenem Fleisch.

TIPP

Sternanis ist ein viel verwendetes Gewürz der chinesischen Küche. Die dekorative sternförmige Frucht dient häufig auch als Garnierung. Das Aroma erinnert an Süßholz, ist aber würziger und kräftiger. Getrockneter Sternanis ist neben Kassia (Chinazimt), Fenchelsamen, Gewürznelken und Szechuan-Pfeffer Bestandteil des chinesischen Fünf-Gewürze-Pulvers.

Knusprig frittierter Kohl mit Mandeln

Für 4 Personen

ZUTATEN

1,2 kg Pak Choi oder Mangold	75 g Mandeln, blanchiert	1 EL brauner Zucker
700 ml Öl	1 TL Salz	1 Prise gemahlener Zimt

1 Die grünen Blätter des Pak Choi von den weißen Stielen abtrennen, gründlich waschen und mit Küchenpapier sorgfältig trockentupfen.

2 Die Blätter in schmale Streifen schneiden.

3 Das Öl in einem vorgewärmten Wok fast bis zum Rauchen erhitzen.

4 Die Hitze reduzieren und die Blätter zugeben. Etwa 2–3 Minuten frittieren, bis sie knusprig sind und im Öl schwimmen.

5 Die frittierten Blätter mit einem Schaumlöffel herausnehmen und auf Küchenpapier gut abtropfen lassen.

6 Nun die Mandeln für 30 Sekunden in das heiße Öl geben, dann mit einem Schaumlöffel herausnehmen.

7 Salz, Zucker und Zimt vermischen und über den Pak Choi streuen, dann die Mandeln zugeben und alles gut verrühren. In einer vorgewärmten Schüssel anrichten und sofort servieren.

TIPP

Das Gemüse muss wirklich trocken sein, bevor es im Öl frittiert wird, sonst spritzt das Öl, und das Gemüse wird nicht richtig knusprig.

Chinakohl-Porree-Gemüse mit Sahne

Für 4 Personen

ZUTATEN

450 g Chinakohl, in Streifen geschnitten	4 Knoblauchzehen, zerdrückt	4 TL Wasser
2 EL Erdnussöl	300 ml Gemüsebrühe	2 EL Sahne oder Joghurt
2 Porreestangen, in Ringen	1 EL helle Sojasauce	1 EL gehackte Korianderblätter
	2 TL Speisestärke	

1 Den Chinakohl 30 Sekunden in kochendem Wasser blanchieren. Abtropfen lassen, mit kaltem Wasser abschrecken und erneut abtropfen lassen.

2 Das Öl in einem vorgewärmten Wok erhitzen, Chinakohl, Porree und Knoblauch zugeben und 2–3 Minuten unter Rühren anbraten.

3 Gemüsebrühe und Sojasauce in den Wok geben. Das Gemüse abgedeckt bei geringer Hitze ca. 10 Minuten garen.

4 Das Gemüse mit einem Schaumlöffel aus dem Wok nehmen und beiseite stellen. Die verbliebene Brühe auf die Hälfte einkochen.

5 Die Speisestärke mit dem Wasser vermischen und in die Brühe einrühren. Aufkochen und unter ständigem Rühren weiterkochen, bis die Brühe eindickt.

6 Die Hitze reduzieren, dann Gemüse und Sahne zugeben. Bei geringer Hitze 1 Minute aufwärmen.

7 Auf einer Platte anrichten, die Korianderblätter darüber streuen und sofort servieren.

TIPP

Nach der Zugabe von Joghurt die Sauce nicht mehr kochen, sonst gerinnt er.

Gebratene Gurke mit Chilischoten

Für 4 Personen

ZUTATEN

2 mittelgroße Gurken	1-cm-Stück Ingwerwurzel,	1 EL Honig
2 TL Salz	geraspelt	125 ml Wasser
1 EL Öl	2 frische rote Chilischoten,	1 TL Sesamöl
2 Knoblauchzehen, zerdrückt	gehackt	
	2 Frühlingszwiebeln, gehackt	
	1 TL gelbe Bohnensauce	

1 Die Gurken schälen und längs halbieren. Mit einem Teelöffel sorgfältig die Kerne herausschaben und wegwerfen.

2 Die Gurken in Streifen schneiden und auf einen großen Teller legen. Mit dem Salz bestreuen und 20 Minuten stehen lassen. Dann gut unter fließend kaltem Wasser abspülen und mit Küchenpapier trockentupfen.

3 Das Öl in einem vorgewärmten Wok stark erhitzen, bis es fast raucht. Die Hitze etwas reduzieren und Knoblauch, Ingwer, Chilischoten und Frühlingszwiebeln 30 Sekunden unter Rühren anbraten.

4 Die Gurken zusammen mit Bohnensauce und Honig in den Wok geben und weitere 30 Sekunden pfannenrühren.

5 Das Wasser aufgießen. Bei starker Hitze kochen, bis das Wasser fast völlig verdampft ist.

6 Mit Sesamöl beträufeln. Auf einer vorgewärmten Platte anrichten, servieren.

TIPP

Um den Gurken überschüssiges Wasser zu entziehen, werden sie gesalzen, eine Weile stehen gelassen und dann gut gewaschen.

Würzige Pilze

Für 4 Personen

ZUTATEN
---

2 EL Erdnussöl

2 Knoblauchzehen, zerdrückt

3 Frühlingszwiebeln, gehackt

300 g kleine Champignons

2 große Champignons mit
    offenem Hut, in Scheiben

125 g Austernpilze

1 TL Chilisauce

1 EL dunkle Sojasauce

1 EL Hoisin-Sauce

1 EL Weißweinessig

½ TL gemahlener Szechuan-
    Pfeffer

1 EL brauner Zucker

1 TL Sesamöl

frisch gehackte Petersilie,
    zum Garnieren

---

1 Das Öl im Wok stark erhitzen, bis es fast raucht. Dann die Hitze etwas reduzieren und Knoblauch und Frühlingszwiebeln 30 Sekunden unter Rühren anbraten.

2 Pilze, Chilisauce, Soja-sauce, Hoisin-Sauce, Essig, Pfeffer und Zucker zugeben und 4–5 Minuten pfannenrühren.

3 Das Sesamöl darüber träufeln. Auf einer vor-gewärmten Platte anrichten, mit Petersilie garnieren und sofort servieren.

TIPP

Die würzigen Pilze passen gut zu gehaltvollen Fleisch- oder Fischgerichten.

TIPP

Chinesische Trockenpilze werden oft mehr wegen ihrer speziellen Konsistenz als wegen ihres Aromas ver-wendet. Wolkenohren, auch Schwarze Pilze genannt, sind sehr beliebt. Die Pilze waschen, dann 20 Minuten in warmem Wasser einwei-chen und nochmals waschen. Hier können Sie auch Stroh-pilze verwenden. Die Pilze sind in asiatischen Lebens-mittelmärkten erhältlich.

Knoblauchspinat

Für 4 Personen

ZUTATEN

900 g frischer Spinat	2 Knoblauchzehen, zerdrückt	2 TL brauner Zucker
2 EL Erdnussöl	1 TL gehacktes Zitronengras	
	1 Prise Salz	
	1 EL dunkle Sojasauce	

1 Die harten Stängel des Spinats entfernen. Die Blätter waschen, abtropfen lassen und auf Küchenpapier trocknen.

2 Das Öl in einem vorgewärmten Wok fast bis zum Rauchen erhitzen.

3 Die Hitze etwas reduzieren, dann Knoblauch und Zitronengras 30 Sekunden unter Rühren anbraten.

4 Den Spinat zugeben, salzen und 2–3 Minuten braten, bis die Blätter zusammenfallen.

5 Sojasauce und braunen Zucker unterrühren und 3–4 Minuten weiterkochen. Auf einer vorgewärmten Platte anrichten und sofort servieren.

TIPP

Zitronengras gibt es frisch, getrocknet oder in Konserven. Getrocknetes Zitronengras muss vor dem Gebrauch 2 Stunden eingeweicht werden. Die harten Stängel werden im Ganzen mitgekocht und vor dem Servieren entfernt. Der helle untere Teil wird fein gehackt oder zerdrückt.

TIPP

Am besten jungen Spinat verwenden: Er schmeckt besser, und man muss die Stängel nicht entfernen, da sie noch ganz zart sind.

Chinesisches Bratgemüse

Für 4 Personen

ZUTATEN

2 EL Erdnussöl	3 Selleriestangen, geschnitten	2 EL helle Sojasauce
350 g Brokkoli, in Röschen zerteilt	180 g junger Spinat	2 TL Zucker
1 EL frisch gehackter Ingwer	125 g Zuckererbsen	2 EL Reiswein
2 Zwiebeln, geachtelt	6 Frühlingszwiebeln, geviertelt	1 EL Hoisin-Sauce
	2 Knoblauchzehen, zerdrückt	150 ml Gemüsebrühe

1 Das Öl im vorgewärmten Wok erhitzen.

2 Brokkoliröschen, Ingwer, Zwiebeln und Sellerie zugeben und 1 Minute unter Rühren anbraten.

3 Spinat, Zuckererbsen, Frühlingszwiebeln und Knoblauch zufügen und 3–4 Minuten braten.

4 Sojasauce, Zucker, Reiswein und Hoisin-Sauce mit der Brühe ver-rühren und in den Wok gießen. Gut unter das Gemüse rühren. Alles bei mittlerer Hitze noch 2–3 Minuten kochen, bis das Gemüse gar, aber noch knackig ist. In eine Schale füllen und servieren.

TIPP

Die Gemüsemischung eignet sich bestens zum Füllen chinesischer Pfannkuchen, die in asiatischen Lebensmittelmärkten erhältlich sind.

VARIATION

Für dieses Rezept kann man je nach Jahreszeit auch alle anderen Gemüsesorten verwenden.

Gemüse-Chop-Suey

Für 4 Personen

ZUTATEN

1 gelbe Paprika, entkernt	1 Zwiebel	125 g Bohnensprossen
1 rote Paprika, entkernt	60 g Zuckererbsen	2 TL brauner Zucker
1 Karotte	2 EL Erdnussöl	2 EL helle Sojasauce
1 Zucchini	3 Knoblauchzehen, zerdrückt	125 ml Gemüsebrühe
1 Fenchelknolle	1 TL frisch geraspelter Ingwer	

1 Die Paprika in dünne Streifen, Karotte, Zucchini und Fenchel in Scheiben schneiden. Die Zwiebel zunächst in Viertel schneiden, diese dann halbieren. Die Zuckererbsen diagonal schneiden.

2 Das Öl in einem vorgewärmten Wok fast bis zum Rauchen erhitzen. Knoblauch und Ingwer 30 Sekunden unter Rühren anbraten. Dann die Zwiebel zugeben und noch 30 Sekunden braten.

3 Paprika, Karotte, Zucchini, Fenchel und Zuckererbsen zugeben und 2 Minuten pfannenrühren.

4 Die Bohnensprossen in den Wok geben. Dann Zucker, Sojasauce und Brühe unterrühren. Die Hitze reduzieren und 1–2 Minuten köcheln, bis das Gemüse zart und gut mit der Sauce vermischt ist.

5 Das Gemüse in einer Schüssel anrichten und sofort servieren.

TIPP

Hier können Sie alle verfügbaren Gemüsesorten in möglichst farbenfroher Kombination verwenden.

Gebratenes Gemüse mit Sesam

Für 4 Personen

ZUTATEN

2 EL Öl	1 kleine rote Paprika, in Streifen	1 TL Sesamöl
3 Knoblauchzehen, zerdrückt	1 frische grüne Chilischote, in	1 TL Speisestärke
1 EL Sesamsaat	Streifen	4 EL Wasser
2 Selleriestangen, in Scheiben	60 g Chinakohl, in Streifen	Sesamsaat, zum Garnieren
2 Babymaiskolben, halbiert	½ TL chinesisches Currypulver	
60 g kleine Champignons	2 EL helle Sojasauce	
1 Porreestange, in Ringen	1 EL Reiswein oder trockener	
1 Zucchini, in Scheiben	Sherry	

1 Das Öl in einem vorgewärmten Wok erhitzen. Die Hitze etwas reduzieren, dann Knoblauch und Sesam 30 Sekunden unter Rühren anbraten.

2 Sellerie, Mais, Champignons, Porree, Zucchini, Paprika, Chilischote und Chinakohl zugeben und 4–5 Minuten pfannenrühren, bis das Gemüse weich ist.

3 Currypulver, Sojasauce, Reiswein, Sesamöl, Speisestärke und Wasser ver-
mischen und zu dem Gemüse geben. Aufkochen und rühren, bis die Sauce eindickt. Noch 1 Minute weiterkochen, dann auf einer vorgewärmten Platte anrichten, mit Sesam bestreuen und servieren.

TIPP

Die Zutaten werden hier in geschmacksneutralem Öl angebraten, da Erdnussöl den Geschmack des Sesams verdecken würde.

VARIATION

Statt Sojasauce können Sie auch Austernsauce verwenden.

Gebratene grüne Bohnen

Für 4 Personen

ZUTATEN

450 g dünne grüne Bohnen	2 EL Erdnussöl	2 EL helle Sojasauce
(Kenia-Bohnen)	½ TL gemahlener Sternanis	2 TL Honig
2 frische rote Chilischoten	1 Knoblauchzehe, zerdrückt	½ TL Sesamöl

1 Die grünen Bohnen in der Mitte brechen.

2 Die Chilischoten klein schneiden; für ein milderes Gericht die Schoten entkernen.

3 Das Öl im vorgewärmten Wok stark erhitzen.

4 Die Hitze etwas reduzieren und die Bohnen 1 Minute pfannenrühren.

5 Chilischoten, Sternanis und Knoblauch zum Gemüse geben und alles 30 Sekunden unter Rühren anbraten.

6 Sojasauce, Honig und Sesamöl mischen und in das Gemüse einrühren. 2 Minuten kochen, dabei alles gut vermengen. Die Bohnen auf einer vorgewärmten Platte anrichten und sofort servieren.

TIPP

Dieses Gericht passt sehr gut zu Fisch oder zu mildem, gebratenem Fleisch.

VARIATION

Nach diesem Rezept zubereiteter Rosenkohl ist eine Delikatesse. Die Röschen putzen und dann klein schneiden. In heißem Öl 2 Minuten pfannenrühren. Mit Schritt 5 fortfahren.

Gemüserouladen

Für 4 Personen

ZUTATEN

8 große Chinakohlblätter	4 Frühlingszwiebeln, gehackt	Dose, abgetropft, gewaschen
	4 Wasserkastanien, klein	und gehackt
FÜLLUNG:	geschnitten	1 TL Sesamöl
2 Babymaiskolben, in Scheiben	2 EL ungesalzene Cashewkerne,	2 TL Sojasauce
geschnitten	gehackt	
1 Selleriestange, klein	1 Knoblauchzehe, gehackt	
geschnitten	1 TL frisch geriebener Ingwer	
1 Karotte, fein gehackt	25 g Bambussprossen aus der	

1 Die Kohlblätter in eine Schüssel geben und mit kochendem Wasser übergießen, damit sie weich werden. Nach 1 Minute herausnehmen und gründlich abtropfen lassen.

2 Mais, Sellerie, Karotte, Frühlingszwiebeln, Wasserkastanien, Cashewkerne, Knoblauch, Ingwer und Bambussprossen in einer Schüssel vermischen.

3 Sesamöl und Sojasauce verrühren und sorgfältig unter das Gemüse mischen.

4 Die Kohlblätter ausbreiten. Die Füllung gleichmäßig auf alle Blätter verteilen.

5 Die Längsseiten der Blätter einschlagen und die Blätter aufrollen. Mit Zahnstochern verschließen.

6 Die gefüllten Rouladen in einen Dämpfeinsatz legen und abgedeckt 15–20 Minuten über Wasserdampf garen. Mit einer Sauce nach Wahl servieren.

TIPP

Sie können die Rouladen im Voraus zubereiten und bis zum Garen abgedeckt im Kühlschrank aufbewahren.

Acht Gemüsejuwelen

Für 4 Personen

ZUTATEN		
2 EL Erdnussöl	2 EL Wasserkastanien, klein	2 EL Wasser
6 Frühlingszwiebeln, in Ringen	geschnitten	1 TL Sesamöl
3 Knoblauchzehen, zerdrückt	1 Zucchini, gewürfelt	
1 grüne Paprika, entkernt und	125 g Austernpilze	
gewürfelt	3 EL schwarze Bohnensauce	
1 rote Paprika, entkernt und	2 TL Reiswein oder trockener	
gewürfelt	Sherry	
1 frische rote Chilischote, in	4 EL dunkle Sojasauce	
Streifen	1 TL brauner Zucker	

1 Das Öl in einem vorgewärmten Wok stark erhitzen, bis es fast raucht.

2 Die Hitze etwas reduzieren, Frühlingszwiebeln und Knoblauch unter Rühren 30 Sekunden anbraten.

3 Paprika, Chilischote, Wasserkastanien und Zucchini in den Wok geben und alles 2–3 Minuten pfannenrühren, bis das Gemüse weich zu werden beginnt.

4 Pilze, Bohnensauce, Reiswein oder Sherry, Sojasauce, Zucker und Wasser zugeben und alles 4 Minuten braten.

5 Mit dem Sesamöl beträufeln und servieren.

VARIATION

250 g marinierten, gewürfelten Tofu zugeben und als Hauptmahlzeit servieren.

TIPP

Die acht Juwelen gehören traditionell zu den chinesischen Neujahrsfeierlichkeiten. Der bedeutende Küchengott wird zur Berichterstattung in den Himmel geschickt und kommt rechtzeitig zur Neujahrsfeier auf die Erde zurück.

Würzige Tofuschnitten

Für 4 Personen

ZUTATEN		
1 EL Meersalz	2 Tofu-Scheiben à 220 g	2 Porreestangen, längs halbiert
4½ TL Fünf-Gewürze-Pulver	Öl, zum Frittieren	und klein geschnitten
3 EL brauner Zucker		Porreeringe, zum Garnieren
2 Knoblauchzehen, zerdrückt		
1 TL frisch geriebener Ingwer		

1 Salz, Fünf-Gewürze-Pulver, Zucker, Knoblauch und Ingwer in einer kleinen Schüssel vermischen und auf einem Teller gleichmäßig verteilen.

2 Die Tofustücke diagonal durchschneiden, dann die Dreiecke noch zweimal halbieren, sodass 16 kleine Dreiecke entstehen.

3 Die Tofustücke mehrmals in der Gewürzmischung wenden und dann für 1 Stunde beiseite stellen.

4 Das Frittieröl im Wok fast bis zum Rauchen erhitzen. Temperatur etwas reduzieren und die Tofudreiecke 5 Minuten frittieren, bis sie goldgelb sind. Aus dem Wok nehmen und beiseite stellen.

5 Den Porree für 1 Minute im Öl frittieren, dann mit dem Schaumlöffel herausnehmen und zum Abtropfen auf Küchenpapier legen.

6 Auf einer vorgewärmten Platte den Porree anrichten, die frittierten Tofustücke darauf legen. Mit den Porreeringen garnieren. Sofort servieren.

TIPP

Den Tofu nicht auf einmal, sondern portionsweise frittieren. Die frittierten Dreiecke bis zum Servieren warm halten.

Chinesischer Gemüsetopf

Für 4 Personen

ZUTATEN

4 EL Öl

2 mittelgroße Karotten, in
  Scheiben

1 Zucchini, in Scheiben

4 Babymaiskolben, längs halbiert

125 g Blumenkohl, in Röschen
  zerteilt

1 Porreestange, in Ringen

125 g Wasserkastanien, halbiert

220 g Tofu, gewürfelt

300 ml Gemüsebrühe

1 TL Salz

2 TL brauner Zucker

2 TL dunkle Sojasauce

2 EL Reiswein

1 EL Speisestärke

2 EL Wasser

1 EL frisch gehackte
  Korianderblätter,
  zum Garnieren

1 Das Öl in einem vor-
  gewärmten Wok stark
erhitzen, bis es fast raucht.

2 Die Hitze etwas reduzieren und Karotten, Zuc-
chini, Mais, Blumenkohl und
Porree 2–3 Minuten unter
Rühren anbraten.

3 Wasserkastanien, Tofu,
  Brühe, Salz, Zucker,
Sojasauce und Reiswein
zugeben und aufkochen. Bei
milder Hitze abgedeckt
20 Minuten köcheln.

4 Speisestärke und Wasser
  glatt rühren.

5 Die angerührte Speise-
  stärke zu dem Gemüse
geben und unter Rühren alles
erneut aufkochen, bis die
Flüssigkeit eindickt.

6 Das Gemüse auf einer
  vorgewärmten Platte
anrichten, mit gehacktem
Koriander bestreuen und
servieren.

TIPP

*Falls vor der Zugabe der
Speisestärke noch zu viel
Flüssigkeit im Wok ist, den
Gemüsetopf etwa 1 Minute
kräftig aufkochen.*

Bunte Paprikapfanne
mit Ingwer & Bambussprossen

Für 4 Personen

ZUTATEN

2 EL Erdnussöl

220 g Bambussprossen aus der Dose, abgetropft

2,5-cm-Stück Ingwerwurzel, fein gehackt

1 kleine rote Paprika, entkernt und in dünnen Streifen

1 kleine grüne Paprika, entkernt und in dünnen Streifen

1 kleine gelbe Paprika, entkernt und in dünnen Streifen

1 Porreestange, in Ringen

125 ml Gemüsebrühe

1 EL helle Sojasauce

2 TL brauner Zucker

2 TL Reiswein oder trockener Sherry

1 TL Speisestärke

2 TL Wasser

1 TL Sesamöl

1 Das Öl im vorgewärmten Wok erhitzen.

2 Bambussprossen, Ingwer, Paprika und Porree zugeben. 2–3 Minuten pfannenrühren.

3 Brühe, Sojasauce, Zucker und Reiswein oder Sherry zugeben und alles unter Rühren aufkochen. Die Hitze reduzieren und 4–5 Minuten köcheln, bis das Gemüse weich wird.

4 Speisestärke und Wasser glatt rühren.

5 Die angerührte Speisestärke zu dem Gemüse geben und unter Rühren alles erneut aufkochen, bis die Flüssigkeit eindickt.

6 Das Sesamöl über das Gemüse träufeln und noch 1 Minute kochen. In einer vorgewärmten Schüssel anrichten und servieren.

TIPP

Pikanter wird das Gericht, wenn Sie 1 gehackte rote Chili oder ein paar Tropfen Chilisauce zugeben.

Bambussprossen mit Spinat

Für 4 Personen

ZUTATEN

3 EL Erdnussöl	2 frische rote Chilischoten,	300 ml Gemüsebrühe
220 g Spinat, gehackt	geschnitten	1 Prise Zucker
180 g Bambussprossen aus der	1 Prise gemahlener Zimt	1 Prise Salz
Dose, gewaschen und		1 EL helle Sojasauce
abgetropft		
1 Knoblauchzehe, zerdrückt		

1 Das Öl in einem vorgewärmten Wok erhitzen.

2 Spinat und Bambus- sprossen in den Wok geben und unter Rühren 1 Minute anbraten.

3 Knoblauch, Chilischoten und Zimt zufügen und 30 Sekunden pfannenrühren.

4 Gemüsebrühe, Zucker, Salz und Sojasauce ein- rühren und abgedeckt bei mittlerer Hitze etwa 5 Mi- nuten kochen. Wenn das Gemüse gar und die Sauce eingekocht ist, das Gericht auf einer vorgewärmten Platte anrichten und servieren.

TIPP

Falls in Schritt 4 nach 5 Minuten Kochen noch zu viel Flüssigkeit verbleibt, etwas Speisestärke mit der doppelten Menge Wasser mischen und unterrühren.

TIPP

Bei uns sind frische Bam- bussprossen kaum erhältlich und zudem in der Zube- reitung sehr aufwändig. Dosenware ist aber ein geeigneter Ersatz, denn wichtig ist der knackige Biss der Bambussprossen, weniger der eher milde Eigengeschmack.

Süß-saurer Tofu
mit Gemüse

Für 4 Personen

ZUTATEN

2 Selleriestangen
1 Karotte
1 grüne Paprika, entkernt
80 g Zuckererbsen
2 EL Öl
2 Knoblauchzehen, zerdrückt

8 Babymaiskolben
125 g Bohnensprossen
450 g Tofu, gewürfelt

SAUCE:
2 EL brauner Zucker
2 EL Weißweinessig
220 ml Gemüsebrühe

1 TL Tomatenmark
1 EL Speisestärke

Reis oder Nudeln, zum Servieren

1 Den Sellerie in Scheibchen, die Karotte in Stifte und die Paprika in Würfel schneiden. Die Zuckererbsen halbieren.

2 Das Öl in einem vorgewärmten Wok fast bis zum Rauchen erhitzen. Die Hitze etwas reduzieren, Knoblauch, Sellerie, Karotte, Paprika, Zuckererbsen und Mais 3–4 Minuten unter Rühren anbraten.

3 Bohnensprossen und Tofu in den Wok geben und 2 Minuten pfannenrühren.

4 Für die Sauce Zucker, Essig, Gemüsebrühe, Tomatenmark und Speisestärke gut vermischen und in das Gemüse einrühren. Aufkochen und rühren, bis die Sauce bindet. Noch 1 Minute kochen, dann mit Reis oder Nudeln heiß servieren.

TIPP

Beim Rühren aufpassen, dass der Tofu nicht zerfällt.

Brokkoli mit Ingwer

Für 4 Personen

ZUTATEN		
2 EL Erdnussöl	700 g Brokkoli, in Röschen	125 ml Gemüsebrühe
1 Knoblauchzehe, zerdrückt	1 Porreestange, in Ringen	1 TL dunkle Sojasauce
5-cm-Stück Ingwerwurzel, fein gehackt	80 g Wasserkastanien, halbiert	1 TL Speisestärke
	½ TL Zucker	2 TL Wasser

1 Das Öl in einem vorgewärmten Wok erhitzen und Knoblauch sowie Ingwer darin 30 Sekunden unter Rühren anbraten. Brokkoli, Porree und Wasserkastanien zugeben und alles 3–4 Minuten pfannenrühren.

2 Zucker, Brühe und Sojasauce zufügen. Alles bei schwacher Hitze 4–5 Minuten kochen, bis der Brokkoli fast gar ist.

3 Speisestärke und Wasser gut vermischen und in das Gemüse einrühren. Unter ständigem Rühren 1 Minute kochen. In eine Schüssel füllen und sofort servieren.

TIPP

Für ein weniger intensives Ingweraroma den Ingwer in dicke Scheiben schneiden und wie beschrieben anbraten. Dann den Ingwer entfernen.

VARIATION

Sie können Brokkoli auch durch Spinat ersetzen. Die harten Stängel entfernen. Die Blätter in 5 cm lange Stücke schneiden, dabei Stiele vom Blattgrün trennen. Die Stiele kommen in Schritt 1 mit dem Porree in den Wok, das Blattgrün 2 Minuten später. Die Kochzeit in Schritt 2 wird auf 3–4 Minuten reduziert.

Chinesische Pommes frites

Für 4 Personen

ZUTATEN		
650 g mittelgroße Kartoffeln	2 Knoblauchzehen, halbiert	1 Prise Chilipulver
8 EL Öl	2 EL Sojasauce	
1 frische rote Chilischote, halbiert	1 Prise Salz	
1 kleine Zwiebel, geviertelt	1 TL Weißweinessig	
	1 EL grobes Meersalz	

1 Die Kartoffeln schälen und längs in streichholzdicke Stifte schneiden.

2 Die Kartoffelstifte 2 Minuten in kochendem Wasser blanchieren, dann abgießen. Kalt abspülen und gut abtropfen lassen. Mit Küchenpapier sorgfältig trockentupfen.

3 Das Öl in einem vorgewärmten Wok bis zum Rauchen erhitzen. Chilischote, Zwiebel und Knoblauch darin 30 Sekunden pfannenrühren. Aus dem Wok heben und wegwerfen.

4 Die Kartoffelstifte in das Öl geben und 3–4 Minuten frittieren.

5 Sojasauce, Salz und Essig zu den Kartoffeln geben. Bei reduzierter Hitze die Kartoffeln noch ca. 1 Minute braten, bis sie knusprig sind.

6 Herausnehmen und auf Küchenpapier abtropfen lassen.

7 Die Pommes frites in einer Schale anrichten, mit Meersalz und Chilipulver bestreuen und warm servieren.

VARIATION

Man kann die Kartoffeln auch mit Curry würzen oder mit einem Chili-Dip reichen.

Salat aus Gurke & Bohnensprossen

Für 4 Personen

ZUTATEN

350 g Bohnensprossen	2 Tomaten, fein gewürfelt	2 EL helle Sojasauce
1 kleine Gurke	1 Selleriestange, in dünne	1 TL Weißweinessig
1 grüne Paprika, entkernt und in	Streifen geschnitten	2 TL Sesamöl
dünne Streifen geschnitten	1 Knoblauchzehe, zerdrückt	16 frische Schnittlauchhalme
1 Karotte, in dünne Stifte	1 Spritzer Chilisauce	
geschnitten		

1 Die Bohnensprossen 1 Minute in kochendem Wasser blanchieren. Abschöpfen, kalt abspülen und gut abtropfen lassen.

2 Die Gurke der Länge nach halbieren und mit einem Teelöffel die Kerne herausschaben. Die Gurke in dünne Stifte schneiden und mit Bohnensprossen, Paprika, Karotte, Tomaten sowie Sellerie vermengen.

3 Aus Knoblauch, Chilisauce, Sojasauce, Essig und Sesamöl ein Dressing anrühren. Über das Gemüse gießen und alles gut vermischen. Den Salat gleichmäßig auf 4 Teller verteilen, mit Schnittlauch garnieren und servieren.

TIPP

Das Gemüse lässt sich gut im Voraus vorbereiten. Das Dressing erst vor dem Servieren zugeben, sonst verfärben sich die Bohnensprossen.

VARIATION

Statt der Gurke können Sie auch 350 g gekochte grüne Bohnen oder Zuckererbsen verwenden. Durch andere Sprossenarten wie Alfalfa oder Adzuki können Sie zusätzlich den Geschmack der Soja- oder Mungobohnen variieren.

Reis & Nudeln

Ohne Reis- und Nudelgerichte wäre jedes chinesische
Kochbuch unvollständig. Viele herzhafte Gerichte kann man
wunderbar mit Reis servieren. Aber auch Nudeln
harmonieren hervorragend mit zahlreichen Zutaten aus der
chinesischen Küche.

In diesem Kapitel finden Sie köstliche Reisgerichte, die als
Beilage oder auch als Hauptgericht serviert werden können.
In China verwendet man Langkorn-, Rundkorn- und
Klebreis, der wahre Kenner aber würde niemals
Kochbeutelreis verwenden. Gebratener Reis ist in unseren
Chinarestaurants sehr beliebt, daher stellen wir in diesem
Kapitel auch verschiedene Varianten vor.

Nudeln sind in verschiedenen Variationen erhältlich und
können aus Weizen, Buchweizen oder Reismehl hergestellt
sein. In diesem Kapitel finden Sie bestechende Rezepte, die
Ihnen die Vielfalt der Nudeln als Beilage oder Hauptgang vor
Augen führen sollen.

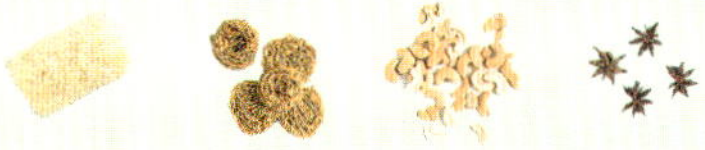

Gebratener Eierreis

Für 4 Personen

ZUTATEN

150 g Langkornreis	2 Knoblauchzehen, zerdrückt	1 EL helle Sojasauce
etwas Öl	4 Frühlingszwiebeln, in Ringen	1 Prise Salz
3 Eier, verquirlt	120 g Erbsen aus der Dose,	Frühlingszwiebeln, in Streifen,
2 EL Öl	abgetropft	zum Garnieren

1 Den Reis 10–12 Minuten in reichlich Wasser bissfest kochen. Abgießen, kalt abspülen und gut abtropfen lassen.

2 In einer Pfanne etwas Öl erhitzen und darin bei schwacher Hitze die Eier unter Rühren garen.

3 Das Öl im vorgewärmten Wok erhitzen. Darin Knoblauch, Frühlingszwiebeln und Erbsen unter gelegentlichem Rühren 1–2 Minuten braten.

4 Den Reis zugeben und das Ganze vermischen.

5 Dann Eier, Sojasauce und Salz zufügen und alles gut vermengen.

6 Anrichten, mit Frühlingszwiebeln garnieren und servieren.

VARIATION

Sie können in Schritt 3 zusätzlich Garnelen, Schinken oder Hühnerfleisch zugeben.

TIPP

Die Eier vor dem Garen gut verquirlen. Danach aus der Pfanne nehmen und gleichmäßig zerkleinern.

Gebratener Reis mit Schweinefleisch

Für 4 Personen

ZUTATEN

150 g Langkornreis

3 EL Erdnussöl

1 große Zwiebel, geachtelt

220 g Schweinelende, in dünnen Scheiben

2 große Champignons mit offenem Hut, in Scheiben

2 Knoblauchzehen, zerdrückt

1 EL helle Sojasauce

1 TL brauner Zucker

2 Tomaten, gehäutet, entkernt und gehackt

60 g Erbsen aus der Dose, abgetropft

2 Eier, verquirlt

1 Den Reis in reichlich Wasser 15 Minuten kochen, bis er bissfest ist. Abgießen, kalt abspülen und gut abtropfen lassen.

2 Das Öl in einem vorgewärmten Wok erhitzen. Zwiebelstücke und Schweinefleisch darin 3–4 Minuten unter Rühren anbraten, bis alles gebräunt ist.

3 Pilze und Knoblauch zufügen und das Ganze noch 1 Minute pfannenrühren.

4 Sojasauce und Zucker einrühren und alles noch weitere 2 Minuten anbraten.

5 Reis, Tomaten und Erbsen zugeben und gut unterrühren. Die Mischung aus dem Wok nehmen und warm halten.

6 Die Eier im Wok 2–3 Minuten anbraten, bis sie stocken.

7 Die Reismischung wieder in den Wok geben und gut mit den Eiern vermengen. Auf Teller verteilen und sofort servieren.

TIPP

Statt Champignons können hier auch andere Pilze verwendet werden.

Gebratener Gemüsereis

Für 4 Personen

ZUTATEN

125 g Langkornreis	1 grüne Paprika, entkernt und	3 Tomaten, gehäutet, entkernt
3 EL Erdnussöl	gewürfelt	und gehackt
2 Knoblauchzehen, zerdrückt	4 Babymaiskolben	60 g Erbsen aus der Dose,
½ TL Fünf-Gewürze-Pulver	25 g Bambussprossen, gehackt	abgetropft
60 g grüne Bohnen		1 TL Sesamöl

1 Den Reis in einem Topf mit Wasser 15 Minuten kochen. Abgießen, kalt abspülen und gut abtropfen lassen.

2 Im vorgewärmten Wok das Erdnussöl erhitzen.

3 Knoblauch und Fünf-Gewürze-Pulver zugeben und unter Rühren 30 Sekunden anbraten.

4 Bohnen, Paprika und Mais zufügen und das Ganze 2 Minuten pfannenrühren.

5 Bambussprossen, Tomaten, Erbsen und Reis in den Wok geben und alles noch 1 Minute unter Rühren braten.

6 Den Gemüsereis mit dem Sesamöl beträufeln und auf Tellern anrichten, sofort servieren.

VARIATION

Sie können in Schritt 5 zusätzlich einige hellbraun geröstete Cashewkerne zugeben.

TIPP

Sie können für dieses Rezept auch anderes Gemüse wählen. Wichtig ist, dass das Gemüse in gleich große Stücke geschnitten wird, damit alles gleichzeitig gar wird.

Gebratener grüner Reis

Für 4 Personen

ZUTATEN		
150 g Langkornreis	1 TL frisch geriebener Ingwer	220 g junger Spinat
2 EL Öl	1 Karotte, in Stiften	2 TL helle Sojasauce
2 Knoblauchzehen, zerdrückt	1 Zucchini, gewürfelt	2 TL brauner Zucker

1 Den Reis 15 Minuten in Wasser kochen. Abgießen, kalt abspülen und gut abtropfen lassen.

2 Das Öl in einem vorgewärmten Wok erhitzen.

3 Knoblauch und Ingwer in den Wok geben und 30 Sekunden anbraten.

4 Karotte und Zucchini zugeben und 2 Minuten pfannenrühren.

5 Den Spinat zugeben und alles noch ca. 1 Minute unter Rühren anbraten, bis der Spinat zusammenfällt.

6 Reis, Sojasauce und Zucker zufügen und gut mit dem Gemüse vermischen.

7 Das fertige Reisgericht auf vorgewärmte Teller verteilen. Sofort servieren.

TIPP

Helle Sojasauce ist aromatischer als die süßliche dunkle Sojasauce, die den Speisen eine dunkle Farbe gibt.

VARIATION

Chinakohl, anstelle von Spinat verwendet, verleiht dem Gericht eine hellgrüne Färbung.

Gebratener Reis mit Schinken

Für 4 Personen

ZUTATEN

150 g Langkornreis	3 Frühlingszwiebeln, geschnitten	220 g Schinken, gewürfelt
2 EL Öl	80 g TK-Erbsen, gekocht	150 Garnelen, gegart und
2 Eier, verquirlt	150 g Bohnensprossen	geschält
2 Knoblauchzehen, zerdrückt		2 EL helle Sojasauce
1 TL frisch geriebener Ingwer		

1 Den Reis 15 Minuten in Wasser kochen. Abgießen, kalt abspülen und gut abtropfen lassen.

2 Einen Esslöffel Öl im Wok erhitzen und die Eier zusammen mit einem weiteren Teelöffel Öl zugeben. Den Wok schwenken, sodass die Eimasse den Wokboden dünn bedeckt. Das Omelett hellbraun braten, wenden und noch 1 Minute braten. Aus dem Wok nehmen. Abkühlen lassen.

3 Das verbliebene Öl im Wok erhitzen, Knoblauch und Ingwer darin 30 Sekunden anbraten.

4 Frühlingszwiebeln, Erbsen, Bohnensprossen, Schinken und Garnelen zugeben und das Ganze noch 2 Minuten pfannenrühren.

5 Sojasauce und Reis unterrühren und alles weitere 2 Minuten kochen. Auf Teller verteilen.

6 Das Omelett aufrollen und in schmale Streifen schneiden. Den Reis damit garnieren. Servieren.

TIPP

Da dieses Rezept Fleisch und Fisch enthält, passt es gut zu einfachen Gemüsegerichten.

Hähnchenreis mit Gemüse

Für 4 Personen

ZUTATEN

150 g Langkornreis	1 TL Sesamöl	60 g Wasserkastanien, halbiert
1 EL Reiswein	900 g Hähnchenbrustfilet,	75 g Brokkoli, in Röschen zerteilt
2 EL helle Sojasauce	gewürfelt	1 gelbe Paprika, in Streifen
2 EL dunkle Sojasauce	850 ml Hühnerbrühe	4 TL frisch geriebener Ingwer
2 TL brauner Zucker	2 große Champignons mit	Schnittlauch, zum Garnieren
1 TL Salz	offenem Hut, in Scheiben	

1 Den Reis 15 Minuten in Wasser kochen. Abgießen, kalt abspülen und gut abtropfen lassen.

2 Reiswein, Sojasaucen, Zucker, Salz und Sesamöl in einer großen Schüssel gut vermischen.

3 Das Hähnchenfleisch in die Reiswein-Soja-saucen-Mischung geben und gut darin wenden. Mindestens 30 Minuten marinieren.

4 Die Hühnerbrühe in einem großen Topf oder Wok aufkochen.

5 Das Hähnchenfleisch mit Marinade, Pilzen, Wasserkastanien, Brokkoli, Paprika und Ingwer zugeben.

6 Die Hitze reduzieren und das Fleisch mit dem Gemüse 25–30 Minuten kochen, bis das Fleisch gar ist. Zum Schluss den Reis unterrühren und kurz erwärmen.

7 Das Gericht mit Schnittlauch garniert servieren.

VARIATION

Das Rezept schmeckt auch mit Rind- oder Schweinefleisch. Die Champignons können durch eingeweichte chinesische Trockenpilze ersetzt werden.

Gebratener Reis mit Krebsfleisch

Für 4 Personen

ZUTATEN

150 g Langkornreis	1 Porreestange, in Ringen	2 TL Limettensaft
2 EL Erdnussöl	150 g Bohnensprossen	1 TL Sesamöl
125 g weißes Krebsfleisch aus der Dose, abgetropft	2 Eier, verquirlt	Limettenscheiben,
	1 EL helle Sojasauce	zum Garnieren

1 Den Reis 15 Minuten in einem Topf mit Wasser kochen. Abgießen, mit kaltem Wasser abspülen und gut abtropfen lassen.

2 In einem vorgewärmten Wok das Erdnussöl erhitzen.

3 Krebsfleisch, Porree und Bohnensprossen zugeben und unter Rühren 2–3 Minuten scharf anbraten. Mit einem Schaumlöffel herausnehmen und beiseite stellen.

4 Die Eier in den Wok geben und unter gelegentlichem Rühren 2–3 Minuten anbraten, bis sie stocken.

5 Reis, Krebsfleisch, Porree und Sprossen unter die Eier mischen.

6 Sojasauce und Limettensaft zugeben, alles gut durchrühren und 1 Minute kochen. Mit dem Sesamöl beträufeln.

7 Auf einer Platte anrichten, mit den Limettenscheiben garnieren und sofort servieren.

VARIATION

Verwenden Sie für besondere Anlässe Hummer statt Krebsfleisch.

Frittierte Nudeln mit Gemüse

Für 4 Personen

ZUTATEN

350 g Eiernudeln	1 grüne Paprika, in Streifen	1 EL helle Sojasauce
2 EL Erdnussöl	1 Zwiebel, geviertelt und in	150 ml Gemüsebrühe
2 Knoblauchzehen, zerdrückt	Scheiben geschnitten	Öl, zum Frittieren
½ TL gemahlener Sternanis	125 g Brokkoli, in Röschen	1 TL Speisestärke
1 Karotte, in dünnen Stiften	zerteilt	2 TL Wasser
	80 g Bambussprossen	
	1 Selleriestange, in Scheiben	

1 Die Nudeln 1–2 Minuten in Wasser kochen. Abgießen, kalt abspülen. Abtropfen lassen.

2 Das Öl in einem vorgewärmten Wok bis zum Rauchen erhitzen. Die Hitze reduzieren. Knoblauch und Sternanis 30 Sekunden darin unter Rühren anbraten. Das Gemüse zugeben und 1–2 Minuten pfannenrühren.

3 Sojasauce und Brühe zugießen, bei geringer Hitze 5 Minuten kochen.

4 Das Frittieröl auf 180 °C erhitzen, sodass ein Brotwürfel darin in 30 Sekunden knusprig braun wird.

5 Die Nudeln mit Küchenpapier trockentupfen. Dann zu kleinen Nestern formen und nach und nach knusprig frittieren, dabei einmal wenden. Auf Küchenpapier abtropfen.

6 Die Speisestärke im Wasser sorgfältig auflösen und in das Gemüse einrühren. Dann das Ganze aufkochen, dabei weiterrühren, bis die Sauce eindickt.

7 Die Nudeln auf einer Platte anrichten, das Gemüse darüber verteilen und servieren.

TIPP

Die Nudeln müssen richtig trocken sein, bevor sie frittiert werden, sonst spritzt das Öl.

Hähnchennudeln

Für 4 Personen

ZUTATEN

220 g dünne Reisnudeln
2 EL Erdnussöl
220 g Hähnchenbrustfilet, in
große Stücke geschnitten
2 Knoblauchzehen, zerdrückt
1 TL frisch geriebener Ingwer

1 TL chinesisches Currypulver
1 rote Paprika, entkernt und in
dünne Streifen geschnitten
80 g Zuckererbsen, klein
geschnitten
1 EL helle Sojasauce

2 TL chinesischer Reiswein
2 EL Hühnerbrühe
1 TL Sesamöl
1 EL frisch gehackte
Korianderblätter

1 Die Reisnudeln 4 Minuten in warmem Wasser einweichen. Abtropfen lassen und beiseite stellen.

2 Das Öl im vorgewärmten Wok erhitzen. Das Fleisch 2–3 Minuten unter Rühren scharf anbraten.

3 Knoblauch, Ingwer und Curry zugeben und weitere 30 Sekunden pfannenrühren.

4 Paprika und Zuckererbsen zufügen und alles noch 2–3 Minuten unter Rühren braten.

5 Nudeln, Sojasauce, Reiswein und Hühnerbrühe in den Wok geben und alles gut vermischen. 1 Minute kochen, ab und zu rühren.

6 Sesamöl und gehackte Korianderblätter über die Nudeln verteilen.

7 Die Nudeln auf vorgewärmten Tellern anrichten. Sofort servieren.

VARIATION

Statt Hähnchenbrustfilets können Sie auch Enten- oder Schweinefleisch verwenden.

Currynudeln mit Garnelen

Für 4 Personen

ZUTATEN

220 g Reisnudeln	150 ml Fischfond	2 EL Hoisin-Sauce
4 EL Öl	220 g Garnelen, geschält	1 EL Reiswein
1 Zwiebel, in Ringen	2 Knoblauchzehen, zerdrückt	2 TL Limettensaft
2 Scheiben Schinken, gewürfelt	6 Frühlingszwiebeln, gehackt	fein geschnittener Schnittlauch,
2 EL chinesisches Currypulver	1 EL helle Sojasauce	zum Garnieren

1 Die Reisnudeln in Wasser 4 Minuten kochen. Abgießen, kalt abspülen und gut abtropfen lassen. Beiseite stellen.

2 Im vorgewärmten Wok 2 Esslöffel Öl erhitzen.

3 Zwiebel und Schinken darin 1 Minute pfannenrühren.

4 Das Currypulver zugeben und alles unter Rühren weitere 30 Sekunden anbraten.

5 Nudeln und Fischfond in den Wok geben und 2–3 Minuten kochen. Aus dem Wok nehmen und warm stellen.

6 Das restliche Öl im Wok erhitzen. Garnelen, Knoblauch und Frühlingszwiebeln ca. 1 Minute unter Rühren anbraten.

7 Sojasauce, Hoisin-Sauce, Reiswein und Limettensaft einrühren. Die Masse über die Nudeln gießen und durch leichtes Rütteln verteilen. Mit Schnittlauch garnieren.

VARIATION

Sie können auch gekochte Garnelen verwenden. Diese aber erst in letzter Minute zugeben, damit sie gerade heiß und nicht durch langes Kochen zäh werden.

Singapur-Eiernudeln

Für 4 Personen

ZUTATEN

220 g Eiernudeln
6 EL Öl
4 Eier, verquirlt
3 Knoblauchzehen, zerdrückt
1 1/2 TL Chilipulver

220 g Hähnchenbrustfilet, in
  dünne Streifen geschnitten
3 Selleriestangen, in Scheiben
1 grüne Paprika, entkernt und
  in Streifen geschnitten
4 Frühlingszwiebeln, in Ringen
25 g Wasserkastanien, geviertelt
2 frische rote Chilischoten,

geschnitten
300 g Garnelen, gegart und
  geschält
180 g Bohnensprossen
2 TL Sesamöl

1 Die Nudeln etwa 4 Minuten in kochendem Wasser garen, bis sie weich sind. Auf Küchenpapier abtropfen lassen.

2 In einem vorgewärmten Wok 2 Esslöffel Öl erhitzen. Die Eier zugeben und rühren, bis sie stocken. Aus dem Wok nehmen und warm stellen.

3 Das restliche Öl im Wok erhitzen. Knoblauch und Chilipulver darin 30 Sekunden anbraten.

4 Das Hähnchenfleisch zugeben und 4–5 Minuten pfannenrühren.

5 Sellerie, Paprika, Frühlingszwiebeln, Wasserkastanien und Chilischoten unterrühren. 8 Minuten unter Rühren anbraten, bis das Hähnchenfleisch gar ist.

6 Garnelen und Nudeln zusammen mit den Bohnensprossen zugeben und alles gut vermengen.

7 Das Rührei mit einer Gabel zerreißen und auf den Nudeln verteilen. Mit Sesamöl beträufeln und sofort servieren.

TIPP

Wenn Sie vorgekochte Zutaten zu einem Gericht geben, achten Sie immer darauf, dass die Zutaten vor dem Servieren wirklich heiß sind.

Scharfes Schweinefleisch mit Nudeln

Für 4 Personen

ZUTATEN

350 g Schweinehack	2 Knoblauchzehen, zerdrückt	25 g ungesalzene Erdnüsse
1 EL helle Sojasauce	2 TL frisch geriebener Ingwer	3 EL Erdnussbutter
1 EL Reiswein	2 frische rote Chilischoten,	3 EL dunkle Sojasauce
350 g breite Eiernudeln	gehackt	1 Spritzer Chili-Öl
2 TL Sesamöl	1 rote Paprika, entkernt und in	300 ml Fleischbrühe
2 EL Öl	dünne Streifen geschnitten	

1 In einer großen Schüssel das Schweinefleisch mit Sojasauce und Reiswein mischen. Abgedeckt 30 Minuten marinieren.

2 Unterdessen die Nudeln in einem Topf mit Wasser 4 Minuten kochen, bis sie bissfest sind. Abgießen, kalt abspülen und gut abtropfen lassen.

3 Die Nudeln in einer Schüssel mit dem Sesamöl vermischen.

4 Das Öl in einem vorgewärmten Wok erhitzen. Darin Knoblauch, Ingwer, Chilischoten und Paprika 30 Sekunden unter Rühren anbraten.

5 Das Schweinefleisch mit der Marinade in den Wok geben und etwa 1 Minute pfannenrühren.

6 Erdnüsse, Erdnussbutter, Sojasauce, Chili-Öl und Brühe zufügen und alles 2–3 Minuten kochen.

7 Die Nudeln unterheben und sofort servieren.

VARIATION

Das Rezept schmeckt auch mit gehacktem Hühner- oder Lammfleisch hervorragend.

Hähnchen auf knusprigen Nudeln

Für 4 Personen

ZUTATEN

220 g Hähnchenbrustfilet, in Streifen geschnitten	600 ml Hühnerbrühe	1 rote Paprika, entkernt und in sehr dünne Streifen geschnitten
1 Eiweiß	2 EL Reiswein	
5 TL Speisestärke	2 EL Austernsauce	2 EL Wasser
220 g dünne Eiernudeln	1 EL helle Sojasauce	3 Frühlingszwiebeln, gehackt
320 ml Öl	1 EL Hoisin-Sauce	

1 Hähnchenfleisch, Eiweiß und 2 Teelöffel Speisestärke in einer Schüssel vermischen. Mindestens 30 Minuten ruhen lassen.

2 Die Nudeln in Wasser 2 Minuten kochen, dann abgießen. 300 ml Öl im Wok erhitzen. Die Nudeln zugeben und gleichmäßig im Wok verteilen. Bei geringer Hitze 5 Minuten anbraten, bis die Nudeln auf der Unterseite braun sind. Dann das Nudelbett wenden und auf der anderen Seite anbraten. Die Nudeln aus dem Wok nehmen, auf einer Platte anrichten und warm halten. Das Öl aus dem Wok abgießen.

3 Im Wok 300 ml Brühe erhitzen und vom Herd nehmen. Das Fleisch unter Rühren zugeben, wieder auf den Herd stellen und 2 Minuten kochen. Dann aus der Brühe nehmen. Die Brühe weggießen.

4 Den Wok mit Küchenpapier auswischen, erneut erwärmen. Das restliche Öl erhitzen. Reiswein, Austern-, Soja- und Hoisin-Sauce, Paprika und die restliche Brühe darin aufkochen. Die restliche Speisestärke mit dem Wasser mischen und in den Wok einrühren. Das Fleisch zugeben und alles 2 Minuten bei niedriger Hitze köcheln. Das Fleisch auf den Nudeln anrichten und mit Frühlingszwiebeln bestreuen.

Reisnudeln mit gelber Bohnensauce

Für 4 Personen

ZUTATEN

180 g breite Reisnudeln	450 g Hähnchenfleisch, fein	2 EL gelbe Bohnensauce
1 EL Erdnussöl	gehackt	4 EL helle Sojasauce
1 Porreestange, in Ringen	450 ml Hühnerbrühe	1 TL Sesamöl
2 Knoblauchzehen, zerdrückt	1 TL Chilisauce	Schnittlauch, geschnitten,
		zum Garnieren

1 Die Nudeln 15 Minuten in heißem Wasser einweichen. Dann die Nudeln gründlich abtropfen lassen und mit einer Schere in kurze Stücke schneiden.

2 Das Öl in einem vorgewärmten Wok erhitzen. Porree und Knoblauch darin 30 Sekunden unter Rühren anbraten.

3 Das Fleisch in den Wok geben und 4–5 Minuten pfannenrühren, bis das Hähnchenfleisch gar ist.

4 Brühe, Chilisauce, Bohnensauce und Sojasauce zugeben und alles 3–4 Minuten kochen.

5 Nudeln und Sesamöl unterrühren. Das Ganze weitere 4–5 Minuten kochen, dabei ab und zu den Wok rütteln.

6 Die Nudeln mit der Sauce auf Schälchen verteilen, mit dem Schnittlauch garnieren und servieren.

TIPP

Reisnudeln gibt es in gut sortierten Supermärkten und in asiatischen Lebensmittelmärkten zu kaufen.

Eiernudeln mit Garnelen

Für 4 Personen

ZUTATEN

220 g dünne Eiernudeln	1 Bund Frühlingszwiebeln, in	2 EL helle Sojasauce
2 EL Erdnussöl	5 cm lange Stücke	2 TL Limettensaft
1 Knoblauchzehe, zerdrückt	geschnitten	Limettenscheiben, zum Garnieren
1/2 TL gemahlener Sternanis	24 rohe Riesengarnelen, geschält	

1 Die Nudeln in einem großen Topf mit kochendem Wasser etwa 2 Minuten blanchieren, dann abgießen, kalt abspülen und abtropfen lassen.

2 Das Öl im Wok fast bis zum Rauchen erhitzen.

3 Knoblauch und Sternanis darin 30 Sekunden anbraten.

4 Frühlingszwiebeln und Garnelen zugeben und 2–3 Minuten pfannenrühren.

5 Sojasauce, Limettensaft und Nudeln zufügen und alles gut vermischen. 1 Minute garen, dann in eine vorgewärmte Schüssel füllen. Mit Limettenscheiben garnieren und sofort servieren.

VARIATION

Das Gericht schmeckt auch mit kleinen, gekochten Garnelen, ist dann jedoch weniger eindrucksvoll.

TIPP

Chinesische Eiernudeln werden aus Weizen- oder Reismehl, Wasser und Eiern gemacht. Als Symbol für ein langes Leben werden sie bei jeder Geburtstagsfeier serviert. Sie zu zerschneiden soll Unglück bringen.

Chow Mein mit Rindfleisch

Für 4 Personen

ZUTATEN

450 g Eiernudeln

4 EL Erdnussöl

450 g mageres Rindersteak, in dünne Streifen geschnitten

2 Knoblauchzehen, zerdrückt

1 TL frisch geriebener Ingwer

1 grüne Paprika, in dünnen Streifen

1 Karotte, in dünnen Scheiben

2 Selleriestangen, in Scheiben

8 Frühlingszwiebeln, in Ringen

1 TL brauner Zucker

1 EL Reiswein

2 EL dunkle Sojasauce

einige Tropfen Chilisauce

1 Die Eiernudeln 4–5 Minuten in Wasser kochen, dann abgießen, kalt abspülen und abtropfen lassen.

2 Einen Esslöffel Öl zu den Nudeln geben und vorsichtig unterheben.

3 Das restliche Öl im Wok erhitzen und das Rindfleisch darin 3–4 Minuten pfannenrühren.

4 Knoblauch und Ingwer zugeben. 30 Sekunden mit dem Fleisch braten.

5 Paprika, Karotte, Sellerie und Frühlingszwiebeln zufügen und alles 2 Minuten pfannenrühren.

6 Zucker, Reiswein, Sojasauce und Chilisauce in den Wok geben und 1 Minute weiterrühren.

7 Die Nudeln zugeben, gut mit dem Fleisch und dem Gemüse vermischen und durchwärmen.

8 Das Gericht in vorgewärmte Schalen füllen und sofort servieren.

VARIATION

Dieses Rezept kann in Farbe und Geschmack durch anderes Gemüse, wie Brokkoli, rote Paprika, Bohnen oder Babymaiskolben, variiert werden.

Gebratene Nudeln nach Kanton-Art

Für 4 Personen

ZUTATEN

350 g Eiernudeln	125 g Weißkohl, geschnitten	2 EL Rinderbrühe
3 EL Öl	80 g Bambussprossen	1 EL Reiswein
700 g mageres Rindersteak, in	6 Frühlingszwiebeln, in Ringen	1 EL brauner Zucker
dünne Streifen geschnitten	25 g grüne Bohnen, halbiert	2 EL frisch gehackte Petersilie,
	1 EL dunkle Sojasauce	zum Garnieren

1. Die Nudeln 2–3 Minuten in einem großen Topf mit kochendem Wasser garen, dann abgießen, kalt abspülen und gut abtropfen lassen.

2. Im vorgewärmten Wok 1 Esslöffel Öl erhitzen.

3. Die Nudeln unter Rühren 1–2 Minuten anbraten, dann aus dem Wok nehmen und beiseite stellen.

4. Das restliche Öl erhitzen und das Rindfleisch im Wok 2–3 Minuten anbraten.

5. Weißkohl, Bambussprossen, Frühlingszwiebeln und Bohnen zugeben, 1–2 Minuten mit dem Fleisch braten.

6. Sojasauce, Brühe, Reiswein und Zucker zufügen und alles gut verrühren.

7. Die Nudeln in den Wok geben und mit Fleisch und Gemüse vermengen.

8. In Schalen füllen, mit gehackter Petersilie garnieren und gleich servieren.

VARIATION

Sie können das Rind gegen mageres Schweine- oder Hähnchenfleisch austauschen. Die Brühe passend dazu wählen.

Gebratene Nudeln mit Pilzen & Schweinefleisch

Für 4 Personen

ZUTATEN

450 g dünne Eiernudeln	220 g Austernpilze	1 EL frisch gehackte
2 EL Erdnussöl	4 Tomaten, gehäutet, entkernt	Korianderblätter
350 g Schweinefilet (Lende), in	und in schmale Streifen	
dünnen Streifen	geschnitten	
2 Knoblauchzehen, zerdrückt	2 EL helle Sojasauce	
1 Zwiebel, geachtelt	50 ml Fleischbrühe	

1 Die Eiernudeln in Wasser 2–3 Minuten kochen, dann abgießen, kalt abspülen und gut abtropfen lassen.

2 In einem vorgewärmten Wok 1 Esslöffel Öl erhitzen.

3 Die Nudeln darin 2 Minuten unter Rühren anbraten.

4 Die Nudeln aus dem Wok nehmen und beiseite stellen.

5 Das restliche Öl im Wok erhitzen und das Schweinefleisch darin unter Rühren 4–5 Minuten anbraten.

6 Knoblauch und Zwiebel unterrühren und weitere 2–3 Minuten braten.

7 Pilze, Tomaten, Sojasauce, Fleischbrühe und Nudeln zugeben. Mit dem Fleisch vermischen und noch 1–2 Minuten garen.

8 Mit gehackten Korianderblättern bestreuen

und sofort servieren.

TIPP

Besonders knusprig werden die Nudeln, wenn man sie 5–6 Minuten in 2 EL Öl frittiert. Nudeln gleichmäßig im Wok verteilen und nach 3 Minuten wenden.

Lamm mit Glasnudeln

Für 4 Personen

ZUTATEN

150 g Glasnudeln

2 EL Erdnussöl

450 g mageres Lammfleisch, dünn geschnitten

2 Knoblauchzehen, zerdrückt

2 Porreestangen, in Ringen

3 EL dunkle Sojasauce

250 ml Lammbrühe

1 Spritzer Chilisauce

rote Chilischote in Streifen, zum Garnieren

1 Die Nudeln 1 Minute in einem großen Topf mit kochendem Wasser garen, dann abgießen, kalt abspülen und gut abtropfen lassen.

2 Das Öl in einem vorgewärmten Wok erhitzen. Das Lammfleisch darin 2 Minuten unter Rühren scharf anbraten.

3 Knoblauch und Porree zufügen und mit dem Fleisch weitere 2 Minuten pfannenrühren.

4 Sojasauce, Lammbrühe und Chilisauce einrühren und 3–4 Minuten kochen, bis das Fleisch gar ist.

5 Die Nudeln zugeben und kurz erhitzen. Garnieren und servieren.

TIPP

Glasnudeln sind mittlerweile fast überall erhältlich. Sie können sie notfalls durch Eiernudeln oder Reisnudeln ersetzen. Diese nach Packungsanweisung kochen.

TIPP

Chilisauce ist scharf und sollte sparsam verwendet werden. Hergestellt wird sie aus Chillies, Essig, Zucker und Salz. Notfalls durch Tabascosauce ersetzen.

Glasnudeln mit Garnelen & Paprika

Für 4 Personen

ZUTATEN

180 g Glasnudeln	1 rote Paprika, entkernt und in dünne Streifen geschnitten	Saft von 1 Orange
1 EL Öl		2 TL Weißweinessig
1 Knoblauchzehe, zerdrückt	1 grüne Paprika, entkernt und in dünne Streifen geschnitten	1 Prise brauner Zucker
2 TL frisch geriebener Ingwer		150 ml Fischfond
24 Riesengarnelen, geschält und die Darmfäden entfernt	1 Zwiebel, gehackt	1 EL Speisestärke
	2 EL helle Sojasauce	2 TL Wasser
		Orangenspalten, zum Garnieren

1 Die Nudeln 1 Minute in einem großen Topf mit kochendem Wasser garen, dann abgießen, kalt abspülen und gut abtropfen lassen.

2 Das Öl in einem vorgewärmten Wok erhitzen, Knoblauch und Ingwer darin 30 Sekunden unter Rühren anbraten.

3 Die Garnelen zugeben und 2 Minuten unter Rühren anbraten. Herausnehmen und warm stellen.

4 Nun Paprika und Zwiebel 2 Minuten im Wok pfannenrühren. Dann Sojasauce, Orangensaft, Essig, Zucker und Fischfond einrühren.

5 Die Garnelen wieder in den Wok geben und alles 8–10 Minuten kochen, bis die Garnelen gar sind.

6 Die Speisestärke im Wasser auflösen, in den Wok einrühren. Aufkochen, dann die Nudeln zugeben und alles noch 1–2 Minuten kochen. Garnieren und servieren.

VARIATION

Statt Orangensaft den Saft (3–5 1/2 Teelöffel) von Zitronen oder Limetten verwenden.

Desserts

In vielen chinesischen Haushalten ist ein Nachtisch
eher unbekannt. Chinesen beenden ihre Mahlzeit
gewöhnlich nicht mit einer Süßspeise. Lediglich bei
Banketts oder besonderen Feierlichkeiten erfreuen
sich Nachtische, wie früher am kaiserlichen Hof,
einer gewissen Beliebtheit.

Süßspeisen werden dagegen oft als Snack zwischen
den Hauptmahlzeiten gereicht. Nach einem üppigen
Essen zieht man in China lieber Früchte als
angenehme Erfrischung vor. Die folgenden Desserts
sind daher auch eher Adaptionen kaiserlicher
Rezepte oder Neukreationen mit asiatischen Zutaten
nach chinesischen Kochmethoden.

Für den Abschluss Ihres Menüs bietet dieses Kapitel
eine Reihe von köstlichen Versuchungen: Reis mit
Früchten, erfrischendes Mandarinensorbet mit
Litschis, Wantans mit Trockenfrüchten und manches
mehr ...

Süße Wantans mit Datteln

Für 4 Personen

ZUTATEN

12 Wantan-Hüllen
2 TL Speisestärke
6 TL kaltes Wasser
Öl, zum Frittieren
2 EL klarer Honig
gemischte frische Früchte

(z. B. Kiwis, Limetten,
Orangen, Mangos und Äpfel),
geschnitten, zum Servieren

FÜLLUNG:
180 g getrocknete Datteln,
entkernt und gehackt
2 TL brauner Zucker
1/2 TL gemahlener Zimt

1 Für die Füllung Datteln, Zucker und Zimt in einer Schale vermischen.

2 Die Wantan-Hüllen auf einer Arbeitsplatte ausbreiten und jeweils etwas Füllung in die Mitte geben.

3 Die Speisestärke mit dem Wasser verrühren und die Ränder der Teigblätter damit bestreichen.

4 Die Teigränder hochnehmen und fest zusammendrücken, sodass die Wantan-Säckchen rundum gut verschlossen sind.

5 Das Frittieröl im Wok auf 180 °C erhitzen, bis ein Brotwürfel darin in 30 Sekunden bräunt. Die Wantans nach und nach jeweils 2–3 Minuten goldbraun frittieren.

6 Die Wantans mit einer Schaumkelle aus dem Öl nehmen und auf Küchenpapier abtropfen lassen.

7 Den Honig in einem Schälchen im Wasserbad erwärmen, damit er dünnflüssig wird. Die Wantans mit Honig beträufeln und mit Früchten servieren.

Banana Pastries

Für 4 Personen

ZUTATEN

TEIG:

450 g Mehl
60 g Butter
60 g Schweineschmalz
125 ml Wasser
1 Eigelb, verquirlt

1 Spritzer Orangensaft

Puderzucker, zum Bestäuben
Sahne oder Eiscreme, zum
    Servieren

FÜLLUNG:

2 große Bananen
80 g getrocknete Aprikosen,
    fein gehackt
1 Prise Muskatnuss

1 Für den Teig das Mehl in eine Rührschüssel sieben. Butter und Schweineschmalz zugeben und mit den Fingern einarbeiten, bis ein krümeliger Teig entsteht. Nach und nach das Wasser zugeßen und zu einem weichen Teig verkneten. Für 30 Minuten in den Kühlschrank stellen.

2 Für die Füllung in einer Schüssel die Bananen mit einer Gabel zerdrücken und Aprikosen, Muskatnuss und Orangensaft unterrühren.

3 Den Teig auf einer bemehlten Fläche ausrollen und 16 Platten von 10 cm Ø ausstechen.

4 Etwas von der Füllung auf die Hälfte jeder Platte platzieren und dann zusammenfalten. Die Ränder andrücken und mit den Zinken einer Gabel fest zusammenpressen.

5 Die Teigtaschen auf ein gefettetes Backblech legen und mit verquirltem Eigelb bestreichen.

6 Den Backofen auf 180 °C vorheizen. Die Gebäckstücke auf der Oberseite mit einem kleinen Schlitz versehen. Dann im Ofen etwa 25 Minuten backen, bis sie goldbraun sind.

7 Mit Puderzucker bestäuben und mit Sahne oder Eis servieren.

Süßer Reis

ZUTATEN

180 g Milchreis
25 g Butter
1 EL Zucker
8 getrocknete Datteln, entkernt
    und gehackt
1 EL Rosinen
5 kandierte Kirschen, halbiert
5 Stücke Angelika (Engelwurz),

gehackt
5 Walnusshälften
125 g Maronenpüree aus der
    Dose
SIRUP:
150 ml Wasser
2 EL Orangensaft
4$^1/_2$ TL brauner Zucker

1$^1/_2$ TL Speisestärke
1 EL kaltes Wasser

1 Den Reis in einem Topf mit Wasser bedecken und abgedeckt 15 Minuten köcheln, bis das Wasser aufgesogen ist. Butter und Zucker unterrühren. Eine hitzebeständige Puddingform (600 ml) einfetten. Boden und Ränder der Form mit einer dünnen Lage Reis auslegen und mit einem Löffel fest andrücken.

2 Früchte, Angelika und Nüsse mischen. Dann in den Reis drücken.

3 Darüber eine dickere Schicht Reis legen, in die entstandene Mulde das Maronenpüree füllen. Den restlichen Reis darauf verteilen und die Füllung damit verschließen. Erst mit Backpapier, dann mit Alufolie bedecken. Diese mit einer Schnur um die Form festbinden. Dann in einen bis zu halber Höhe mit heißem Wasser gefüllten Topf stellen. Abgedeckt 45 Minuten garen. Danach 10 Minuten ruhen lassen.

4 Für den Sirup Wasser und Orangensaft etwas anwärmen und den Zucker darin auflösen. Speisestärke und Wasser glatt rühren. Den Sirup aufkochen, die Stärkemischung einrühren. 1 Minute kochen, bis der Sirup eindickt, dabei weiterrühren.

5 Den Pudding auf eine Platte stürzen, mit dem Sirup übergießen, in Stücke schneiden und servieren.

Reispudding mit Honig

Für 4 Personen

ZUTATEN

300 g Milchreis	15 getrocknete Aprikosen,	Honig, zum Garnieren
2 EL Honig	gehackt	8 getrocknete ganze Aprikosen,
1 kräftige Prise gemahlener Zimt	3 Ingwerpflaumen, abgetropft	zum Garnieren
	und gehackt	

1 Den Reis in einen Topf geben und mit kaltem Wasser bedecken. Das Wasser zum Kochen bringen. Die Hitze reduzieren und abgedeckt 15 Minuten kochen.

2 Honig und Zimt unter den Reis rühren.

3 Vier Auflaufformen à 150 ml einfetten.

4 Aprikosen und Ingwer im Mixer zu einer weichen, knetbaren Masse pürieren. In 4 Portionen aufteilen. Jede Portion in einen runden Fladen in Größe der Auflaufformen bringen.

5 Die Hälfte vom Reis auf die Formen verteilen und mit dem Aprikosenteig belegen.

6 Den restlichen Reis darüber verteilen. Die Auflaufformen erst mit Backpapier, dann mit Alufolie gut verschließen, 30 Minuten im Wasserbad garen.

7 Die Formen aus dem Wasserbad nehmen und 5 Minuten ruhen lassen.

8 Die Puddings auf vorgewärmte Teller stürzen und mit Honig beträufeln. Mit getrockneten Aprikosen dekorieren und servieren.

TIPP

Man kann den Pudding auch in den Formen im Kühlschrank kalt stellen und dann mit Sahne oder Eis servieren.

Mangomousse

Für 4 Personen

ZUTATEN

400 g Mangos in Sirup aus der Dose	20 g Gelatinepulver	1¹/₂ EL brauner Zucker
	2 EL Wasser	Ingwerpflaumen und
2 Ingwerpflaumen, gehackt	2 Eiweiß	Limettenzesten,
200 ml süße Sahne		zum Garnieren

1 Die Mangos abtropfen lassen, dabei den Sirup auffangen. Die Mangostücke mit den Ingwerpflaumen im Mixer zu einer glatten Masse pürieren.

2 Das Püree im Messbecher mit dem Mangosirup auf 300 ml auffüllen.

3 Die Sahne steif schlagen, dann das Mangopüree unterheben.

4 Die Gelatine im Wasser auflösen. Langsam und unter ständigem Rühren zu der Mango-Sahne-Masse geben. Im Kühlschrank ca. 30 Minuten kalt stellen, bis die Masse langsam fest wird.

5 Das Eiweiß in einer sauberen Schüssel zu einem festen Schnee schlagen und vorsichtig unter die Fruchtmasse heben.

6 Die Mousse in Dessertgläser oder -schalen füllen, mit Ingwerpflaumen und Limettenzesten garnieren und servieren.

TIPP

Die Gelatine muss sehr langsam und unter ständigem Rühren zugegeben werden, sonst bildet sie mit der kalten Fruchtmasse Klumpen.

Pochierte Pimentbirnen

Für 4 Personen

ZUTATEN

4 große reife Birnen	60 g Rosinen	Orangenschale in Streifen,
300 ml Orangensaft	2 EL brauner Zucker	zum Garnieren
2 TL gemahlener Piment		

1 Mit einem Apfelausstecher das Kerngehäuse der Birnen entfernen. Die Birnen mit einem scharfen Messer schälen und längs halbieren.

2 Die Birnenhälften in einen Topf geben.

3 Orangensaft, Piment, Rosinen und Zucker zugeben. Unter vorsichtigem Rühren leicht erhitzen, bis sich der Zucker aufgelöst hat, dann 1 Minute kochen.

4 Die Hitze reduzieren und noch 10 Minuten köcheln, bis die Birnen gar, aber noch fest sind.

5 Die Birnen auf Desserttellern anrichten. Mit den Orangenschalen garnieren und mit dem heißen Sirup übergießen. Sofort servieren.

VARIATION

Statt Piment Zimt verwenden und die Birnen mit Zimtstangen und frischen Minzeblättern garnieren.

TIPP

Wenn Sie Zitronen-, Limetten- oder Orangenschalen zum Kochen oder Garnieren verwenden, achten Sie darauf, dass die Schalen nicht behandelt wurden. Behandelte Zitrusschalen eignen sich nicht zum Verzehr.

Chinesische Eiercremetörtchen

Ergibt 15 Stück

ZUTATEN

TEIG:	60 g Zucker	¹/₂ TL frisch geriebene
180 g Mehl	180 ml Milch	Muskatnuss
3 EL Zucker		süße Sahne, zum Servieren
60 g Butter		Muskatnuss, zum Garnieren
25 g Schweineschmalz		
2 EL Wasser		
EIERCREME:		
2 kleine Eier		

1 Für den Teig das Mehl in eine Schüssel sieben und den Zucker zugeben. Butter und Schmalz einarbeiten, bis ein krümeliger Teig entsteht. Das Wasser zugeben und rasch zu einem festen Teig verarbeiten.

2 Den Teig auf einer bemehlten Arbeitsplatte 5 Minuten kneten, bis er geschmeidig ist. Im Kühlschrank ruhen lassen.

3 Unterdessen für die Creme die Eier mit dem Zucker aufschlagen. Nach und nach Milch und Muskatnuss zufügen und alles gut verrühren.

4 Den Teig in 15 gleich große Portionen teilen und diese ausrollen. Kleine Förmchen mit den Teigplatten auslegen.

5 Den Backofen auf 150 °C vorheizen. Die Eiercreme mit einem Löffel in die Teigförmchen füllen. Im Ofen ca. 25–30 Minuten backen.

6 Die Eiercremetörtchen auf einem Kuchengitter auskühlen lassen. Mit Muskatnuss bestäuben und mit Schlagsahne servieren.

TIPP

Der Teig lässt sich gut im Voraus zubereiten und bis zur Verwendung im Kühlschrank aufbewahren.

Mandarinensorbet mit Litschis

Für 4 Personen

ZUTATEN

SORBET:

220 g Zucker

450 ml kaltes Wasser

350 g Mandarinen aus der Dose,
im eigenen Saft

2 EL Limettensaft

GEFÜLLTE LITSCHIS:

425 g Litschis aus der Dose,
abgetropft

60 g Ingwerpflaumen, abgetropft
und fein gehackt

Limettenschale, in Rauten
geschnitten, zum Garnieren

1 Für das Sorbet Zucker und Wasser in einem kleinen Topf bei geringer Hitze verrühren, bis sich der Zucker aufgelöst hat. Nun die Temperatur erhöhen und die Mischung 2–3 Minuten kochen.

2 Unterdessen die Mandarinen im Mixer pürieren und das Püree durch ein Sieb streichen. Das Mandarinenpüree zusammen mit dem Limettensaft in den Sirup rühren. Zum Abkühlen beiseite stellen.

3 Die Mischung in eine für das Eisfach geeignete Plastikschüssel füllen und ins Eisfach stellen. Dabei gelegentlich umrühren.

4 Unterdessen die Litschis auf Küchenpapier abtropfen lassen.

5 Die Litschis mit den Ingwerpflaumen füllen.

6 Aus dem Mandarinensorbet Kugeln stechen und mit den Litschis auf Desserttellern anrichten.

TIPP

Das Sorbet vor dem Servieren ca. 10 Minuten in den Kühlschrank stellen, sodass die Kugeln einfacher auszustechen sind.

Frittierte Bananen

Für 4 Personen

ZUTATEN

8 mittelgroße Bananen	80 g Reismehl	Öl, zum Frittieren
2 TL Zitronensaft	1 EL Speisestärke	4 EL brauner Zucker
80 g Mehl	½ TL gemahlener Zimt	Sahne oder Eiscreme, als Beilage
1 Prise Backpulver	250 ml Wasser	

1 Die Bananen in große Stücke schneiden und in eine Schüssel geben.

2 Die Bananenstücke mit dem Zitronensaft beträufeln.

3 Mehl, Backpulver, Reismehl, Speisestärke und Zimt in eine Schüssel sieben. Langsam das Wasser zugießen und zu einem dünnen Teig verrühren.

4 Das Öl in einem Wok stark erhitzen. Dann die Hitze reduzieren.

5 Die Bananenstücke in den Teig tauchen.

6 Den Zucker auf einem Teller verteilen.

7 Die Bananenstücke aus dem Teig nehmen, überschüssigen Teig abtropfen lassen. Dann die Bananen 2–3 Minuten im Öl frittieren, bis sie goldbraun sind. Herausnehmen und im Zucker wenden. In Dessertschalen anrichten und mit Sahne oder Eiscreme servieren.

TIPP

Reismehl finden Sie in asiatischen Lebensmittelmärkten.

Rezeptverzeichnis